novum █ pro

AF141018

CHRISTOPH TAUTE

Dein neues Ich

Alles, was du brauchst, steckt bereits
in dir – Impulse für mehr Lebensqualität

novum pro

Dieses Buch ist auch als e-book erhältlich.

Bibliografische Information
der Deutschen Nationalbibliothek:

Die Deutsche Nationalbibliothek
verzeichnet diese Publikation in
der Deutschen Nationalbibliografie.
Detaillierte bibliografische Daten
sind im Internet über
http://www.d-nb.de abrufbar.

Gedruckt in der Europäischen Union
auf umweltfreundlichem, chlor- und
säurefrei gebleichtem Papier.

© 2024 novum Verlag

ISBN 978-3-7116-0139-1
Lektorat: Daniela Ornest
Umschlaggestaltung, Layout & Satz:
novum Verlag
Innenabbildungen: Christoph Taute

Die vom Autor zur Verfügung ge-
stellten Abbildungen wurden in der
bestmöglichen Qualität gedruckt.

www.novumverlag.com

Druckprodukt mit finanziellem
Klimabeitrag
ClimatePartner.com/16547-2311-1001

INHALTSVERZEICHNIS

Besuch mich im Internet:

www.christoph-taute.de

Dieses Buch ist auch als eBook erhältlich.

© Christoph Taute,
Co-Autorin: Anne Hasler

Wichtige Hinweise

Die im Buch veröffentlichten Empfehlungen wurden von Verfasser erstellt und sorgfältig überprüft. Der Inhalt dieses Buches beruht ausschließlich auf den persönlichen Erfahrungen des Autors und erhebt keinen wissenschaftlichen Anspruch.

Die verwendeten Begriffe sind wertneutral, dennoch kann keine Gewähr für deren absolute Richtigkeit übernommen werden.

Der Verfasser schließt jegliche Garantie aus, ebenso wie die Haftung für etwaige Personen-, Sach- und Vermögensschäden.

Dieses Buch ist urheberrechtlich geschützt. Jede Verwertung ist ohne Zustimmung des Autors nicht zulässig. Das gilt gleichermaßen für Vervielfältigungen, Übersetzungen, Verfilmungen und Einspeicherung und Verarbeitung in elektronischen Systemen. Die Publikation enthält Links zu externen Webseiten Dritter, auf deren Inhalte wir keinen Einfluss haben; für diese fremden Inhalte können wir keine Gewähr übernehmen. Rechtswidrige Inhalte waren zum Zeitpunkt dieser Veröffentlichung nicht erkennbar.

Der leichten Lesbarkeit zuliebe haben wir des Öfteren von der Doppelung männlicher und weiblicher Formen Abstand genommen. Selbstverständlich liegt es uns fern, dadurch einen Teil der Bevölkerung zu diskriminieren.

Meine Quelle der Inspiration

Aloha!

Bevor wir uns in die Tiefen dieses Buches stürzen, möchte ich euch ein kleines Geheimnis enthüllen: Die Quellenangaben sind so frei und ungezwungen wie ein spontaner Tanz im Regen.

Warum?

Nun, ich könnte behaupten, dass ich die Freiheit liebe und meine kreative Ader nicht in die Fesseln langweiliger Tabellen zwängen wollte. Aber ehrlich gesagt – ich hatte einfach keine Lust!

Die bunten Fäden dieses Buches wurden von einigen wahrhaft inspirierenden Mentoren gesponnen.

Ein ganz besonderer Dank geht an Tobias Beck. Ohne seine persönlichen Worte hätte ich dieses Buch wohl nie beendet. Tobias, deine Kunst, Menschen zu sehen und ihnen das Gefühl zu geben, wertvoll zu sein, hat mir die Kraft gegeben, weiterzumachen, auch wenn der Weg manchmal steinig war. Deine inspirierenden Worte haben mich nicht nur motiviert, sondern mir gezeigt, dass ich genug bin und dass meine Botschaft wert ist, gehört zu werden. Danke, dass du an mich geglaubt hast, als ich selbst gezweifelt habe.

Natürlich haben mich auch große Persönlichkeiten wie Bodo Schäfer, Tony Robbins, Kevin Hart und Denzel Washington inspiriert. Ihre Erfolge, ihre Worte und ihre Geschichten sind wie Leuchttürme, die mir auf meinem Weg den Kurs gezeigt haben.

Doch genauso inspiriert haben mich die Menschen, die ich auf meiner Reise getroffen habe – die wahren Helden des Alltags, deren Geschichten oft ungehört bleiben, aber voller Mut und Weisheit sind. Sie alle haben zu diesem Buch beigetragen, und ich bin dankbar für jeden einzelnen von ihnen.

Die Vorstellung, mich durch ein undurchdringliches Dickicht von Quellen zu schlagen, um dann in eine trostlose Tabelle einzutragen, erschien mir so verlockend wie Zahnarzttermine an einem Sonntag.

Also, hier sind wir – ohne steife Tabelle, aber mit einer bunten Mischung aus Internet-Abenteuern, Mentor-Magie und meinen ganz eigenen Erlebnissen. Wenn jemand glaubt, dass sein Gedankenbaby hier versehentlich über Bord geworfen wurde, dann her mit den Beschwerden!

Meldet euch bei mir, und wir werden das auf die unterhaltsamste Weise klären – versprochen!

Intro

Wir alle machen im Laufe unseres Lebens eine Reise des persönlichen Wachstums durch. Das geschieht ganz von selbst, da jeder Tag neue Erfahrungen und Eindrücke in unser Leben bringt. Ob es nun Menschen, Ereignisse oder unterschiedliche Perspektiven sind, sie alle tragen dazu bei, dass wir ständig dazulernen und uns verändern. Aber manchmal fühlt es sich so an, als würden wir auf der Stelle treten, in einem ewigen Hamsterrad gefangen. In solchen Momenten ist es an der Zeit, auszubrechen und aktiv an unserer Weiterentwicklung zu arbeiten.

Um aus deiner derzeitigen Lage auszubrechen, voranzukommen und deine Träume und Ziele zu verwirklichen, lohnt es sich, an deiner Persönlichkeit zu feilen.

Die Persönlichkeitsentwicklung ist ein spannendes und vielfältiges Thema. Es gibt viele Theorien und Modelle, die erklären, was eine Persönlichkeit ausmacht und wie der Entwicklungsprozess abläuft. Da es so viele Experten, Meinungen und Ansichten gibt, möchte ich dir auf einfache und verständliche Weise erklären, wie du aktiv an deiner Persönlichkeit arbeiten und dich weiterentwickeln kannst.

Persönlichkeitsentwicklung bedeutet schlicht und einfach, deine Persönlichkeit, deine Individualität und Identität, bewusst zu gestalten und zu entfalten. Dieser Prozess ist kontinuierlich, denn du versuchst, die beste Version deiner selbst zu werden. Dabei geht es darum, dich mit deinem Charakter, deinem geistigen Wachstum und deiner Lebensphilosophie auseinanderzusetzen und diese in die Richtung zu lenken, in die du möchtest.

Welche Ziele verfolgst du im Leben?
Welche Werte sind dir wichtig?
Was inspiriert dich?

Es geht darum, dich selbst bewusst zu erforschen und innerhalb deiner Möglichkeiten dein volles Potenzial auszuschöpfen.

Wie bereits erwähnt, gibt es zahlreiche Experten und Theorien zur Persönlichkeitsentwicklung. Ein weit verbreitetes Modell sind die drei Säulen der Persönlichkeitsentwicklung.

Diese drei Säulen verdeutlichen, welche Grundpfeiler notwendig sind, um sich persönlich weiterzuentwickeln. Es handelt sich dabei um einen Prozess, den man durchlaufen muss, um Fortschritte zu erzielen.

SELBSTERKENNTNIS
In dieser Phase lernst du dich selbst besser kennen und verstehst, wo deine Stärken, Schwächen, Wünsche und Ängste liegen. Hierbei ist Selbstreflexion von großer Bedeutung.

SELBSTAKZEPTANZ
Im nächsten Schritt geht es darum, dich selbst so anzunehmen, wie du bist. Akzeptiere sowohl deine Stärken als auch deine Schwächen, denn es ist wichtig zu verstehen, dass du nicht gegen dich selbst arbeiten solltest. Fang an, dich selbst bedingungslos zu lieben, denn das ist das solide Fundament für deine Weiterentwicklung.

SELBSTVERÄNDERUNG
Nun solltest du dir überlegen, wie du werden möchtest. Wo möchtest du hin? Welche Ziele verfolgst du? Welche Eigenschaften und Fähigkeiten möchtest du ausbauen oder neu erlernen? Lege klare Ziele fest und arbeite kontinuierlich daran.

Persönlichkeitsentwicklung setzt voraus, dass du dich mit dir selbst auseinandersetzt und dich selbst so annimmst, wie du aktuell bist. Erkenne und akzeptiere, wer du bist, was du kannst und wohin du möchtest. Setze dir ganz bewusst konkrete Ziele und arbeite stetig daran. Lasse Veränderung zu, übernimm Verantwortung und erlaube dir vor allem glücklich zu sein, mit dem was du tust und wo du dich im Leben befindest.

Puh, merkst du, dass wir bereits im Intro ganz schön tief in der Materie sind? Keine Angst. Die folgenden Kapitel sind voller Einblicke, Beispiele und Erklärungen zu diesen drei Säulen.

Meine Empfehlung für dich jetzt, ist: Leg das Buch weg. Ja, richtig. Mache ein kurze Pause und werde dir deiner drei Säulen schriftlich bewusst.

Kennst du den abgedroschenen Spruch „Selbsterkenntnis ist der erste Weg zur Besserung"?

Er stimmt. Was auch stimmt, ist, dass Lernen nicht linear verläuft. Du wirst zwischen der ERKENNTNIS und der AKZEPTANZ einige Berge überwinden und Täler durchqueren, dieses Buch wird dir dabei wie ein Routenführer helfen. Du gehst deinen Weg, folgst der Anleitung, meinst du hast es drauf, kommst vom Weg ab und liest wieder nach.

Also, lass die Reise gut starten. Nimm einen Zettel und Stift und schreibe dir deine ersten Gedanken zu den drei Säulen auf.

Übrigens gibt es kein richtig oder falsch. Im Gegensatz zur Schule sind bei der Persönlichkeitsentwicklung Fehler erlaubt – ach was sag ich, sie sind erwünscht!

SCHÖN, DASS DU DA BIST

Hey, du!

Danke, dass du da bist und den Entschluss gefasst hast, dieses Buch aufzuschlagen, und ich die Chance bekomme, dich mit auf eine Reise zu nehmen mit dem Ziel, dich als Persönlichkeit weiterzuentwickeln.

Und dabei geht es nicht nur darum, dass du neue Sachen lernst, sondern dass du auch bereits Bekanntes noch einmal vertiefst und so Tag für Tag weiter als Persönlichkeit wächst.

Können wir los?

Die Reise geht zurück in deine Schulzeit. Du sitzt in deinem alten Klassenzimmer. Wenn du kurz die Augen schließt, bin ich mir sicher, du kannst dir alles genau vorstellen. Wer saß neben dir, wie hat es gerochen, was konntest du aus dem Fenster sehen ... Und dann ist er da, der Tag der Prüfung, der Tag der Klausur. Und auch ich kenne das Gefühl, wenn der Klassenlehrer den Raum betritt, seinen Aktenkoffer auf den Tisch legt, die Klassenarbeit herauszieht und sagt:

„Sachen weg, Trennwände hoch!"

In diesem Moment schlägt nicht nur dein Herz schneller. Nein, dir wird kotzübel. Deine Handflächen fangen an zu schwitzen. Das Adrenalin schießt dir durch den Körper und du fängst an, nervös zu werden. Der Puls erhöht sich und du weißt ganz genau, wenn du auch nur einen Blick auf deinen Spickzettel wirfst und dabei erwischt wirst, ist es aus und vorbei. Aber ganz ohne? Habe ich genug gelernt, oder doch wieder lieber gezockt als geübt?

Genau an diesem Punkt möchte ich mit dir ansetzen. Denn anders als in der Schule ist es im Leben erlaubt, um Hilfe zu bitten, abzugucken und Dinge zu hinterfragen.

Ich kenne das Gefühl in einer Prüfung nur zu gut. Bloß nicht erwischt werden, wenn man mal auf den Spickzettel schaut. Um ehrlich zu sein, war es in der Regel doch so, wie der Lehrer es behauptet hatte: Alles, was auf deinem Spickzettel steht, hattest du bereits in deinem Kopf.

Ein Sprichwort, das mir mitgegeben wurde, kann ich heute nur bestätigen:

„Wer schreibt, der bleibt.“

Unbekannt

Also sieh dieses Buch bitte als einen legalen Spickzettel für dein Leben. Du kannst jedes einzelne Kapitel nach und nach durchlesen, oder in den Kapiteln springen. Vielleicht wird dir das ein oder andere Kapitel fremd und noch nicht so wichtig vorkommen. Das ist auch völlig in Ordnung, denn ich bin davon überzeugt, dass es dann zu einem späteren Zeitpunkt für dich relevant sein wird.

Vielleicht wirst du über das ein oder andere Kapitel stolpern, von dem du denkst: „Ach, das hab ich doch schon einmal gelesen und das hab ich doch schon mal gehört“, dann überspring es nicht einfach, sondern lies erneut und verfestige dein Wissen, und am wichtigsten: Komm in die Umsetzung!

Ich nehme hier mal eine Sache vorweg: Der große Unterschied zwischen erfolgreichen und nicht erfolgreichen Menschen, oder eben auch zwischen disziplinierten und undisziplinierten Menschen ist der, dass die einen lesen und nicken, und die anderen lesen, nicken und setzen um.

Input ohne Output ist wie eine Mitgliedschaft im Fitnessstudio, du musst schon hingehen, damit die Pfunde purzeln.

Das Schöne im Leben ist, dass wir jeden Tag aufs Neue die Chance haben, in die Umsetzung zu kommen, und ich hoffe, ich kann dir mit den folgenden Kapiteln als Mentor, Freund und Coach zur Verfügung stehen. Wenn ich dir durch meinen Input helfen kann, dann freue ich mich, wenn ich deinen Output sehen darf.

DEIN WAKE-UP CALL

Wach endlich auf!!!

... und wach nicht einfach nur auf, weil es so sein soll, sondern wach mit dem Willen auf, besser zu sein, als du es in der letzten Woche warst. Der größte Fehler, den die meisten von uns machen, ist zu denken, wir haben noch ewig Zeit.

Wenn du in dieser Woche morgens aufwachst und nicht versuchst, besser zu sein, als du es in der letzten Woche warst, dann lege dich wieder ins Bett. Dann lege deinen faulen Arsch wieder in dein warmes, kuscheliges Bett und schlaf weiter. Mach es wie Dornröschen in ihrem Schloss, mal schauen, ob da wirklich ein Prinz für jeden von uns kommt ...

Ich stelle eine vorsichtige Vermutung an Das wird nicht passieren.

Entschuldige meine Worte gleich zu Beginn, aber wenn du nicht bereit bist, in dieser Woche besser zu sein, als du es letzte Woche warst, dann verschlaf weiter dein Leben.

Denn auf eine Veränderung zu hoffen, ohne selbst etwas dafür zu tun, ist wie am Bahnhof zu stehen und auf ein Schiff zu warten.

Mir persönlich wurden die Augen zu dieser Erkenntnis erst spät in meinem Leben geöffnet. Sei nicht wie ich! Lerne aus meinen Fehlern.

Der Grund für dieses Buch ist, dass ich dich aufwecken möchte, um dich daran zu erinnern, dass außerhalb deiner Komfortzone ein wunderbares Leben auf dich wartet. In meinen Augen weist ein guter Freund genau darauf hin, auch wenn es im ersten Moment nicht angenehm ist.

Vielleicht fällt es dir leichter, mir zu vertrauen, wenn du etwas mehr über mich erfährst ...

In diesem Buch sind die für mich wichtigsten Schlüsselsätze der letzten 33 Jahre beschrieben. Diese Schlüsselsätze haben mir dabei geholfen, von einem introvertierten, schüchternen Kind mit einem eher schlechten Realschulabschluss zu einer gestärkten Persönlichkeit heranzuwachsen. Und dabei muss ich an dieser Stelle auch betonen, dass diese Schlüsselsätze nicht alle aus meiner Feder stammen. Nein, denn auch ich habe Gebrauch davon gemacht, bei anderen über die Schulter zu schauen und zu spicken. That's life. That's ok.

Doch all das begann erst, als ich mit der knallharten Wahrheit und der Realität Bekanntschaft gemacht habe.

Ich möchte dir eine Geschichte vom 20.05.2007 erzählen, welche mein Leben für immer verändert hat. Es war für Mitte Mai außergewöhnlich heiß und schwül zugleich. Ich spielte mit meiner damaligen Fußballmannschaft in Hamburg. Ich weiß noch, dass es allen Spielern durch die hohe Luftfeuchtigkeit sehr schwer fiel, richtig zu atmen.

Die Trikots klebten uns auf der Haut und wir schwitzen eigentlich schon, obwohl wir nur so dastanden. Kurz vor Ende der ersten Halbzeit ging ich mit meinem Gegenspieler in ein Laufduell um den Ball auf Höhe der Mittellinie. Ich war in der Höchstform meines Lebens, hatte hart trainiert und vor meinem inneren Auge den Ball schon im Besitz. Während wir beide zum Ball liefen, rangelten wir gleichzeitig mit den Oberkörpern und ich verschaffte mir einen kleinen Vorsprung, so dass ich zuerst am Ball sein würde.

Doch plötzlich wurde alles schwarz vor meinen Augen ...

Als ich meine Augen wieder öffnete, fand ich mich im Krankenhaus wieder. Ich sehe nach wie vor nur verschwommen die Umrisse meiner Eltern, die sich um mein Krankenbett versammelt hatten. Nachdem ich nach und nach aus der Narkose erwache, merke ich, dass ich mein rechtes Bein nicht bewegen kann.

Ich schaue an mir herunter und sehe, wie aus meinem Knie ein Schlauch zu einer durchsichtigen Flasche führt, in die rotes Blut tropft. Mein Bein, eingehüllt in eine Schiene, lässt sich nicht beugen. Träume ich oder ist das gerade echt? Im nächsten Augenblick steht Dr. Maier neben mir, legt seine Hand auf mein linkes Bein und sagt:

„Christoph, ich habe den Innen- und Außenmeniskus genäht. Dazu habe ich dein rechtes vorderes Kreuzband wieder zusammengeflickt. Du wirst erst in sechs bis sieben Monaten wieder auf dem Platz stehen können."

In diesem Moment brach für mich im Alter von 16 Jahren eine Welt zusammen. Diese Sätze haben mein Leben verändert. Sie haben dafür gesorgt, dass mein Leben eine neue Richtung eingeschlagen hat. Ein Leben, für das ich heute so unfassbar dankbar bin. Denn wenn ich damals unter anderem diese Sätze von Dr. Maier nicht gehört hätte, dann hätte ich viele besondere Menschen nicht kennengelernt.

Dann hätte ich es mir nicht zur Aufgabe gemacht, andere groß zu machen. Dann hätte ich kein eigenes Unternehmen gegründet.

Dann wäre ich heute nicht der, der diese Zeilen für dich schreibt. Knappe 20 Jahre, viel Wut, Selbstmitleid und die ewige Frage nach dem *„Warum ich?"* später habe ich einen Satz von Tony Robbins endlich komplett verstanden.

„Life always happens for you, not to you.
Everything, even the problems are gifts."

Anthony Robbins

Die Schlüssel in diesem Buch haben mir persönlich geholfen, zu wachsen, meine Denkweise zu ändern, und vielleicht werden sie auch dir weiterhelfen. Ich wünsche es mir für dich!

Wichtig ist, dass du verstehst, dass du es in deiner eigenen Hand hast, dein Leben zu einem Meisterwerk zu machen.

Also falls du schon fast wieder auf dem Weg ins Bett warst: STOPP! Wach endlich auf.

Und wichtig ist mir, dass du verstehst, dass es nicht darauf ankommt, in welcher Situation du dich aktuell befindest, sondern es kommt darauf an, was du aus der Situation machst, in der du dich gerade befindest.

Mein Name ist Christoph Taute und ich schreibe dieses Buch im Jahr 2023 zum einen für den 16-jährigen Christoph, der viele dieser Schlüsselsätze schon früher benötigt hätte. Zum anderen richte ich meine Zeilen an den zukünftigen Christoph, sodass er die Schlüsselsätze nicht wieder vergisst, und ich schreibe dieses Buch vor allem für DICH.

Warum ist dieses Buch entstanden? Weil ich es als meine Pflicht sehe, meine Erfahrungen an meine Mitmenschen weiterzugeben und denjenigen zu helfen, die in ihrem Leben etwas verändern wollen.

Ich hoffe, dass dich dieses Buch ermutigt, deine Träume in die Tat umzusetzen.

Ich wünsche dir nur das Beste,

Christoph Taute

Dein Freund und Coach
Christoph Taute

LEBEN

Ich möchte eine These aufstellen. Und zwar bin ich der Ansicht, dass wir alle ein Buch schreiben. Unser ganz eigenes Buch für unser Leben.

Ich stelle mir das so vor, dass jeder Mensch ein Notizbuch unter seinen Arm geklemmt hat. Mit einem weißen Cover ohne Buchtitel und einer Menge leerer Seiten. Dazu hängt an diesem Buch immer ein Stift, dem nie die Patrone leer wird.

Damit wir unsere Erfahrungen, unsere Aha-Momente und all die schönen Dinge, die uns passieren, in unser persönliches Buch schreiben, um sie nicht mehr zu vergessen. Nur die schönen Dinge, nein! Du weißt genauso wie ich, dass nicht alles auf den ersten Blick schön ist. Aber dazu später mehr.

Wenn ich die Augen schließe, stelle ich mir das so vor, dass das erste Kapitel deines ganz persönlichen Buches beginnt wie bei jedem Menschen, mit deiner Geburt, und endet, so hart das klingen mag, mit deinem Tod.

Du hast wie jeder von uns mehrere Kapitel in deinem Buch. Eine weitere Frage habe ich dennoch an dich.

Wenn dein Buch eines Tages geschlossen wird, mit welchen Erfahrungen und schönen Momenten soll dein Buch gefüllt sein?

Wie gut soll das Buch gewesen sein?
Was steht am Ende deines Buches?

Eine Lehre, die ich für mich aus den letzten Jahren gezogen habe, lautet: Du darfst niemals zufrieden sein an dem Punkt, an dem du gerade stehst. Dankbar – ja! Zufrieden – nein!

Dankbar solltest du auf jeden Fall sein. Auch heißt es nicht, dass du dich niemals für deine Erfolge feiern solltest, die du erzielt hast. Denn auch das solltest du unbedingt tun. Ich erkläre dir, wie ich es meine ...

Ich persönlich bin nie zufrieden gewesen, und ich bin es heute noch nicht. Warum das so ist? Zufriedenheit ist in meinen Augen Stillstand.

Es gibt so vieles, was die Menschen in meinem Umfeld einfach nicht verstehen.

Sie verstehen und sehen einfach nicht, was sie alles tun könnten. Dabei haben sie so viele Stärken, Talente und einzigartige Fähigkeiten. Aber sie entfalten nicht ihr gesamtes Potenzial.

Sie bleiben an einem Punkt stehen und sind zufrieden damit, dass sie ihre Rechnungen bezahlen können, Netflix schauen und sich viele Konsumgüter leisten können.

Sie treibt nichts an und sie bereiten sich mit Anfang 30 auf die Rente vor. Letztendlich muss das jeder Mensch für sich selbst entscheiden und vertreten. Ich weigere mich, mich damit zufriedenzugeben!

In meinen Augen ist da noch so viel mehr, was jeder einzelne Mensch für sich, für andere und für die Welt geben kann.

Ich habe es mir selbst zur Aufgabe gemacht, dass ich dieser eine Funke, der beim Holz-Anzünden auf andere Holzstäbe fliegt, sein will. Der dir zeigt, dass du mehr wert bist, als du es von dir selbst glaubst. Ich will dir zeigen, dass du zu mehr imstande bist, als einfach nur zur Arbeit zu gehen oder einfach nur Eltern zu sein. Du lebst nur einmal in dieser Welt.

Wäre es dann nicht ein lebenswertes Ziel, in allen Bereichen die beste Version von sich selbst zu sein?

Da ist einfach so viel mehr, was du machen kannst. Die Welt steht dem offen, der sie begrüßt.

„Du verdienst ein wundervolles Leben."

Bodo Schäfer

Hast du dich jemals gefragt, wann aus deinen Kindheitsträumen dein Plan B wurde? Frage doch mal deine Grundschulfreunde nach den alten Poesiealben und sei überrascht, was du unter Traumberuf eingetragen hattest.

Ich persönlich stelle mir immer wieder selbst die Frage:

Wovon handeln meine Kapitel in meinem persönlichen Buch und was sollen die Menschen über mich lesen, wenn mein Buch mit meinem letzten Atemzug geschlossen wird?

Also, welche Zeilen sollen die Menschen über dich lesen?

Ich weiß, das klingt erst mal wie genau eben so ein Spruch im Poesiealbum oder eine nette Grafik auf Instagram. Aber wenn es dir nur ein bisschen geht wie mir, dann sitzt du gerade da, schaust hoch und denkst: „Glaube ich zwar gerade nicht, aber geil wäre es schon!!" Herzlich willkommen mitten in Foyer deines Traumschlosses. Du bist schon reingekommen, vertraust mir zögerlich und die Neugier ist groß.

Um durch die erste Tür zu gehen, braucht es jetzt drei Dinge:

1. Dein Vertrauen in mich
2. Deinen Mut, die nächste Tür zu öffnen
3. Deine Offenheit, Neues zu probieren

Können wir überall einen Haken dransetzen?

Dann lass uns direkt mit 100 % Energie dein erstes To-do angehen!

Keine Ausreden. Auf geht's!

POSITIVES DENKEN

Weißt du, warum positives Denken so wichtig ist?

Positives Denken bedeutet vor allem eines: dass du in einer Situation die positiven Aspekte wahrnimmst, anstatt dich ausschließlich auf das Negative zu versteifen. Wer positiv denkt, der sagt in gewisser Weise „**Ja**" zum Leben und ist optimistisch. Das bedeutet auch, dass man sich seiner eigenen Stärken bewusst ist und sich Dinge zutraut.

Positives Denken hilft dir dabei, deine Ziele zu erreichen, und macht dich auf lange Sicht erfolgreicher. Die größten Visionäre der Geschichte haben schließlich eines gemeinsam: Sie haben an sich und ihre Ideen geglaubt, selbst wenn ihnen Steine in den Weg gelegt wurden.

Das bedeutet aber nicht, dass du alles Negative ausblendest und verdrängst. Alles hat letztendlich eine positive und eine negative Seite. Wie immer im Leben kommt es vielmehr auf das richtige Gleichgewicht an.

So banal das auch klingen mag, die Sonne wird immer scheinen. Ganz egal wie schlimm der Sturm war, ganz egal, wie viele Blitze eingeschlagen haben oder wie viel Regen er dagelassen hat. Am Ende kommt immer wieder das Licht zurück, das die Dunkelheit erhellt.

Wusstest du eigentlich schon, dass die Sonne niemals aufhören wird zu scheinen, und das für niemanden. Seit etwa 4,5 Milliarden Jahren scheint die Sonne und sie wird das noch mindestens genauso lange tun. Die Sonne wird jeden Tag aufgehen.

Schon früh am Morgen grüßt sie dich und dabei ist es der Sonne völlig egal, wie du dich fühlst und wie deprimiert du vielleicht bist. Am nächsten Morgen wird die Sonne wieder scheinen. Für jeden von uns und damit auch für dich. Sie macht das, egal ob dazwischen dicke graue Wolken oder starke Gewitter wüten.

„Wende dein Gesicht der Sonne zu
und du wirst die Schatten nie sehen.“

Südafrikanisches Sprichwort

Mache es wie die Sonne: Verschwende deine Zeit nicht damit, dich über Dinge zu ärgern, auf die du keinen Einfluss hast. Das kostet dich sehr viel Energie.

Freue dich stattdessen darauf, am nächsten Morgen gesund aufzuwachen und der Welt dein schönstes Lächeln zu schenken. Wenn du dich auf die positiven und schönen Dinge im Leben fokussierst und positiv zu dir selbst sprichst, wirst du Gutes anziehen und dir wird Gutes widerfahren.

Wenn wir uns aber stattdessen nur mit negativen Gedanken beschäftigen, oder noch schlimmer, mit negativen Menschen, dann werden wir auch weiter Probleme in unser Leben ziehen. So sagt es das Gesetz der Anziehung.

Also schau in den Spiegel und sprich zu dir selbst: das Leben ist schön und das Leben geht weiter – immer.

Dazu möchte ich dir eine kurze Geschichte erzählen.

Ich war an einem verregneten Tag auf dem Weg nach Istanbul. Ich stand am Frankfurter Flughafen und wartete darauf, dass mein Flug am Gate angezeigt wird. Während ich da so in dem schwarzen, verschwitzten Sessel des Flughafens rumrutschte, weil ich die richtige Position nicht fand, wanderte mein Blick nach draußen Richtung Rollfeld.

Ich stand auf, nahm meinen Rucksack auf den Rücken und ging in Richtung Fenster. Gegen die Fensterscheiben des Flughafen-terminals peitschten die Regentropfen, und die Mitarbeiter, die auf dem Rollfeld die Flugzeuge einwiesen und die Koffer in die Airline schoben, hatten es offensichtlich sehr schwer, gegen den Regen und den zunehmenden Wind anzukämpfen.

Nach kurzer Zeit wurde mein Flug zum Boarding aufgerufen, und ich nahm in der Maschine auf meinem Platz direkt am Fenster Platz. Als das Flugzeug das Rollfeld auf dem Frankfurter Flug-hafen verließ und in die Höhe stieg, prasselte der Regen gegen die kleinen Fenster im Flugzeug. Es wurde kurze Zeit sehr dun-kel, als wir unter den dicken Regenwolken flogen, und es wur-de noch dunkler, als wir hindurchflogen.

Doch damit nicht genug, als wir durch die Wolke nach oben flogen, ruckelte und wackelte das gesamte Flugzeug und man merkte richtig, wie die Maschine gegen alle Winde und den Re-gen kämpfte.

Ich hielt mich an meinem Sitz fest und atmete ganz tief durch. Ich schaute aus dem Fenster und erblickte nach einiger Zeit, dass hoch über der Wolkendecke die Sonne auf uns wartete. Das Flugzeug wurde ruhiger, die Passagiere entspannten sich.

Da wurde es mir bewusst! Wir müssen nur hoch genug fliegen, um die Sonne zu sehen. Wenn du also Sonne sehen möchtest, so flieg hinauf, schau ins Licht und du wirst niemals Schatten sehen.

Hast du es gemerkt? Mit dem Flugzeug ist es wie mit deinen Gefühlen, du musst durch den Sturm durch, um zur Sonnenseite zu gelangen.

„Das Glück deines Lebens
hängt von der Beschaffenheit
deiner Gedanken ab."

Mark Aurel

Ich möchte gerne eine weitere Geschichte mit dir teilen. Diese habe ich bereits vor einigen Jahren in meinem ersten Buch **Mit Leidenschaft zum Erfolg** erzählt, doch ich finde, dass die Geschichte für dich in dieses Buch gehört.

Ich bin der Meinung, dass wir alle die Fähigkeit besitzen, die größten Träume unseres Lebens in die Tat umzusetzen. Diese Fähigkeit liegt in uns selbst. Alles beginnt mit uns selbst. Bevor wir andere von uns überzeugen können, müssen wir von uns selbst überzeugt sein. Wir alle erzeugen zwei Arten von Kommunikation, die durch unsere Erfahrungen, die wir im Leben gesammelt haben, geprägt ist.

Die erste Art ist die Kommunikation mit uns selbst, also die **innere Kommunikation**. Dazu gehören unsere Vorstellungen und unsere Gedanken, aber auch unsere Gefühle.

Die zweite Kommunikationsart ist die, die wir nach außen transportieren: unsere Worte, der Tonfall, unser Gesichtsausdruck, Gesten und physische Handlungen. Wir nennen sie auch die *äußere* **Kommunikation**.

Es ist wichtig zu wissen, dass jede Kommunikation eine Wirkung hat. Sowohl auf uns, aber eben auch auf andere. Wenn wir lernen, sie richtig anzuwenden, dann haben wir Einfluss auf unsere Lebensweise.

Wenn du jetzt vor mir stehen würdest, und ich würde dich fragen: „Bist du ein positiver Mensch?" Wie würde deine Antwort lauten? Wenn ich dich morgens um 5 Uhr aus dem Bett hole, weil der Keller nach einer regnerischen Nacht mit Wasser vollgelaufen ist, und ich würde dich fragen: „Bist du ein positiver Denker?" Wie lautet deine Antwort? Deine Mannschaft verspielt in der letzten Minute durch eine Unkonzentriertheit den Sieg, und wieder sitze ich neben dir und frage dich: „Bist du positiv programmiert?" Wie wäre deine Antwort?

Aus eigener Erfahrung kann ich dir sagen, dass die Qualität unseres Lebens nicht davon bestimmt wird, was mit oder um uns herum geschieht. Es geht vielmehr darum, wie wir mit dem, was geschieht, umgehen. Du selbst hast die Fähigkeit, zu entscheiden, was du fühlen und wie du handeln möchtest.

Bestimmt kennst du in deinem Umfeld Menschen, die immer und überall, in jeder Lebenslage gut drauf sind. Stets mit einem breiten Grinsen im Gesicht herumlaufen, sodass es schon fast unheimlich wirkt. Dann kommt man oft in Versuchung, sich einzureden und zu glauben, *„Der nimmt doch irgendwas."* So habe ich lange Zeit auch gedacht. Doch ich kann dich beruhigen. Auch diese Menschen haben dunkle Zeiten erlebt. Auch diese Menschen sind nicht 24 Stunden an 7 Tagen gut drauf. Sie haben gelernt, mit den Steinen, die uns das Leben täglich in unseren Weg legt, umzugehen. Und ich möchte dir sagen: Du kannst das auch lernen.

Ich möchte dir berichten, wie ich es innerhalb von 7 Tagen geschafft habe, mein Denken nachhaltig ins Positive zu verändern. Ich muss gestehen, dass ich bei der Umprogrammierung meines Denkens ein wenig Hilfe von außen hatte.

In einer Lebensphase, in der ich maßlos überfordert und traurig war und nicht wusste, wo meine Reise hingehen sollte, half mir ein Coach, mein Denken ins Positive zu verändern. Nennen wir diesen Coach: Christian.

Christian war zur damaligen Zeit ein etwa 45-jähriger Geschäftsmann. Er war Gebäudemanager einer großen Firma. Über eine langjährige Freundschaft meiner Eltern zu ihm war es mir möglich, trotz seines recht stressigen Lebens einen Termin zu bekommen. Ich erinnere mich noch sehr gut an unser Gespräch, das tatsächlich nur für 15 Minuten geplant war und auch keine Minute länger dauerte.

Durch ein Vorzimmer in einem riesigen Bürogebäude schickte mich seine Sekretärin in einen Besprechungsraum. Christian wartete schon auf mich ... mit einem Edding und einer Flipchart.

Christian schaffte es, sich innerhalb von wenigen Minuten meine „Ist-Situation" anzuhören und in den verbleibenden, ich schätze ca. 7 Minuten, durch drei einfache Fragen mein Leben und mein Denken für immer zu verändern.

Er stellte mir die **drei A's** für jede Lebenslage vor.

Das erste „A" steht für Ändern.

Er fragte mich: „Christoph, kannst du die Situation, in der du dich gerade befindest, aus eigener Kraft ändern?" Meine Antwort lautete Nein! Denn in der Situation, in der ich mich befand, an der Situation konnte ich tatsächlich selbst nichts ändern.

Das zweite „A" steht für Abhauen.

Dann fragte Christian mich weiter: „Ok, wenn du die Situation nicht ändern kannst, möchtest du dann vielleicht mit deinem Problem abhauen und alles hinter dir lassen?" Ich antworte mit Nein! Meine Familie und meine Freunde und alle, die mir wichtig sind, leben doch hier. Nein, ich bleibe hier.

Das dritte „A" steht für Akzeptieren.

Christian sagte: „Nun gut Christoph, wenn du die Situation nicht **ändern** kannst und du auch mit deinen Problemen nicht **abhauen** magst, dann **akzeptiere** die Situation so, wie sie ist."

Weißt du, ich ging aus diesem Büro und war verärgert. Ich hatte mir Zeit genommen, um mir helfen zu lassen, und alles, was ich bekommen hatte, waren diese **drei A's.**

Während ich auf dem Weg nach Hause im Auto so die Straße entlangfuhr, dachte ich weiter über das kurze Gespräch mit Christian nach. Ich dachte mir, es kann doch nicht so einfach sein. Das ist doch nicht der Schlüssel für eine positive Veränderung in meinem Leben.

Heute kann ich dir sagen – doch, es war der Schlüssel, um die Tür zu einem positiven Denken aufzuschließen. In den nächsten Tagen wendete ich diese Technik an. In jeder nur denkbaren Lebenslage!

Wenn sich ein Autofahrer vordrängelte, ging ich im Kopf diese Fragen durch und lächelte. Ich kann es nicht ändern, abhauen kann ich auch nicht, also akzeptiere ich es, dass ich anderen Menschen das Autofahren nicht beibringen kann. Wenn ich auf dem Trainingsplatz mit meiner Mannschaft stand und eine Übung nicht so lief, wie ich mir das vorgestellt hatte, dann ging ich die drei „A"-Fragen durch und änderte und passte an, bis ich mit dem Ergebnis zufrieden war.

Ich möchte dich einladen, diese Technik regelmäßig in deinen Alltag zu integrieren. Ich verspreche dir, sie wird dir auch im Umgang mit deinen Mitmenschen helfen.

Wir alle streben danach, glücklich zu sein. Äußere Umstände und Konsumgüter bescheren uns allerdings nur kurzzeitig Glücksgefühle. Um dauerhaft zufrieden zu sein, musst du vor allem bei dir selbst anfangen.

GESUNDHEIT

Magst du Superhelden-Filme? Ich meine diese Filme mit Superman, Batman und Spiderman. Ich liebe sie!

Ist es nicht fantastisch, dass diese Superhelden jeden Kampf überleben und ihr Körper unverwundbar zu sein scheint?

Und weißt du, was mir oft auffällt, wenn ich durch die Straßen laufe, egal wo in Deutschland? Da überkommt mich oftmals das Gefühl, dass viele Menschen auf dieser Welt und auch in meinem Umfeld tatsächlich glauben, sie wären unverwundbar und ihnen könnte nichts und niemand etwas anhaben.

Dabei zerstören sie ihren Körper gar nicht mal von außen, weil sie sich niemals einer Gefahr wie Superman oder Spiderman aussetzen würden.

Ich meine, wir haben nur diesen einen Körper und manche behandeln ihn so, als hätten sie einen zweiten im Schrank.

Einige Menschen schütten sich voll mit Alkohol, inhalieren Nikotin und ernähren sich ungesund. Das ist doch absurd, oder nicht? In meinen Augen nicht nur das, sondern vielmehr ist es Gift für unseren Körper.

Ich vergleiche unseren Körper gerne mit einem Auto.

Was passiert wohl, wenn du dein Auto mit Benzin anstatt mit dem nötigen Diesel tankst? Du weißt es, vielleicht ist es dir schon einmal passiert, und das vergisst du nicht, denn es war ziemlich teuer!

Oder was passiert, wenn du das Auto mit dem falschen Motoröl füllst?

Richtig, das Auto wird nicht mehr einwandfrei fahren, sondern an der nächsten Ecke stehen bleiben und muss in die Werkstatt. Daher achten wir darauf, dass wir stets richtig tanken und das richtige Motoröl verwenden.

PS: Im Tankdeckel deines Autos steht zur Erinnerung sogar, was du tanken darfst.

Was einige allerdings dabei vergessen, ist, dass genau das auch mit unserem Körper passiert, wenn wir statt der nötigen Vitamine, Mineralien etc. ungesunde Substanzen zu uns nehmen.

Besonders beachtenswert ist hier, dass wir zwar ein neues Auto kaufen können, jedoch keinen neuen Körper.

Doch wie kann es sein, dass wir unser Auto meistens besser pflegen als unseren eigenen Körper?

Deine Gesundheit sollte an erster Stelle stehen. Ich möchte nicht dafür plädieren, dass du niemals zur Feier des Tages ein alkoholisches Getränk zu dir nimmst. Aber halte es in Maßen.

Wenn du dich um dich und deinen Körper kümmerst, ausreichend Sport treibst und dich ausgewogen ernährst, hat das nicht nur den Effekt, dass du gesünder bist, sondern du wirst seltener krank und bist einfach wacher und fitter.

Kümmere dich immer gut um deinen Körper. Du hast nur diesen einen. Der eigene Körper sollte wie ein Tempel behandelt werden. Er ist etwas Heiliges, in dem man sein Leben lang verbleibt. Er sollte kräftig und gesund aussehen.

Gesund zu essen ist das eine, sich ausreichend zu bewegen ist das andere. Unser Körper ist ein Bewegungsapparat und kein Sitz- oder Liegeapparat, und der Körper ist darauf ausgerichtet, täglich laufen zu können und das mehrere Kilometer pro Tag.

Meine Empfehlung sind mindestens 40 Minuten Bewegung am Tag. Denn nur dann kann unser Körper optimal funktionieren. Es gibt viele weitere positive Auswirkungen, wenn du dich regelmäßig bewegst. Zum einen wirst du leistungsfähiger, und auch die Funktion deiner inneren Organe wird gesteigert. Sowohl die Verdauung als auch der Stoffwechsel werden gefördert. Das Immunsystem wird durch deine Bewegung gestärkt, und deine Stimmung bessert sich rasch.

Einen letzten Tipp möchte ich dir noch mitgeben. Es ist mir persönlich sehr wichtig, dich darauf hinzuweisen, dass du ausreichend Flüssigkeit zu dir nimmst. Hier ist es zum Beispiel von Vorteil, sich eine gewisse Routine anzueignen.

Du kannst dir zur Gewohnheit machen, regelmäßig ein Glas Zitronenwasser zu trinken. Besser noch einen halben Liter Zitronenwasser und das jeden Morgen nach dem Aufstehen.

„Ein gesunder Mensch hat 1000 Wünsche,
doch ein kranker hat nur einen."

Unbekannt

NEGATIVES DENKEN

Im Leben wirst du immer wieder auf negative Menschen treffen. Menschen, die lästern, andere Leute vor uns schlecht machen und lügen. Das kann leider niemand ändern und damit muss jeder von uns klarkommen. Das Gemeine daran ist noch, dass diese Menschen überall lauern und auf dich warten. Doch du darfst eine Entscheidung treffen, denn es liegt an dir, wie du auf solche Menschen reagierst. Lässt du dich von ihnen mitreißen und feuerst noch mit, dann füllst du dich selbst mit negativer Energie.

Es hat mich persönlich schon immer gestört, wenn Menschen über andere Leute sprechen, die nicht mit im Raum sind.

Wie reden diese Menschen die meiste Zeit über die andere Person? Richtig, meistens nicht positiv.

Hier meine Empfehlung an dich: Vermeide diese Gespräche und verlasse den Raum oder sage Folgendes: *„Für diese Art von Gespräch stehe ich nicht zur Verfügung."*

Dass es so einfach geht, glaubst du nicht? Ich lade dich ein, es wenigstens einmal auszuprobieren, und ich verspreche dir, dass es dir ab diesem Moment leichtfällt. Wird es allen gefallen, dass du anders handelst? Gewiss nicht! Überhaupt nicht.

Du darfst dir dahingehend schon mal ein dickeres Fell zulegen. Aus eigener Erfahrung kann ich dir zynische Kommentare garantieren. Dann denkst du an mich, schmunzelst und weißt, dass es Teil deiner Reise ist.

Es kostet nämlich unheimlich viel Kraft, negativ über andere Menschen zu sprechen, und bringt dich in deinem Leben kein Stück weiter.

Da ich diese Lektion schon früh in meinem Leben lernen durfte, wurde mein Schweigen von anderen oft als arrogant und ignorant wahrgenommen. Doch dadurch, dass ich mich zu vielen Themen nicht geäußert habe, hatte ich den Vorteil, dass ich immer entspannt und vor allem unvoreingenommen gegenüber anderen Menschen gewesen bin.

Du kannst ganz stark davon ausgehen, dass die Person, die vor dir über andere schlecht redet, auch über dich reden wird, wenn du das Spiel mitspielst. Wie du siehst: Du wirst das Spiel so oder so nie gewinnen können, daher spiele am besten gar nicht mit.

In dem Moment den Raum zu verlassen oder dagegen anzugehen, zeigt vor allem eins: **Stärke!** Es erfordert Stärke und Mut, sich klar zu äußern und zu sagen: Nein!

Ich bin der Meinung, je unzufriedener Menschen mit sich selbst sind, desto mehr neigen sie dazu, sich zu verstecken. Sie versuchen, andere schlecht zu machen, um selbst besser dazustehen.

Sie kommentieren die Schwächen des anderen, um ihre eigene mangelnde Kompetenz zu überdecken. Keiner wird jedoch dadurch besser, indem er andere schlecht macht.

Je mehr wir über andere reden, desto mehr zeigt dies eine innere Schwäche und wenig Selbstbewusstsein.

Was noch hinzukommt und einige einfach nicht verstehen, ist, dass Lästern den eigenen Ruf schädigt, es füllt uns mit Negativität und raubt gleichzeitig so viel unserer Energie.

Statt dir deine Energie rauben zu lassen, solltest du anfangen, über die schönen und positiven Eigenschaften der Menschen zu sprechen, die im Raum sind. Das ist eine Fähigkeit, die du super trainieren und lernen kannst.

Lerne Komplimente auszusprechen und sie anzunehmen. Der Umgang mit Komplimenten ist für viele neu, weil wir durch unser Schulsystem darauf trainiert wurden, uns mit anderen zu vergleichen. Doch es geht nicht darum, sich mit jemandem zu vergleichen, denn jeder Mensch wurde anderes geprägt und hat eine andere Reiseroute zurückgelegt als du. Es steht uns also gar nicht zu, über den Weg, die Denkweisen und die Handlungen anderer Menschen zu urteilen.

Deshalb mein Tipp an dich, gewöhne dir an, nicht mehr über Menschen zu sprechen, sondern mit ihnen. Höre zu, um zu lernen und zu verstehen, nicht um deine Meinung ausdrücken zu müssen.

Ich möchte dir zum Abschluss dieses Kapitels die Geschichte eines jungen Mannes aus dem Sommer 2017 erzählen.

Es ist ein brütend heißer Sommertag in den Schulferien in Deutschland, und die Familie hat, wie so üblich, zum Grillen eingeladen.

Der junge Mann ist fest angestellt in einer Fitnesskette und leitet dort den Vertrieb, heißt also, er ist für die Akquise von neuen Mitgliedern zuständig.

Doch irgendetwas in ihm sagt ihm, da ist noch mehr.

Also entschließt er sich kurzerhand, neben seinem Hauptjob und seiner Tätigkeit als Fußballtrainer am Nachmittag das Wagnis Selbstständigkeit zu starten. Er gründet kurzerhand mit einem weiteren Geschäftspartner eine Firma, um sich nebenbei ein zweites Standbein aufzubauen.

An dem besagten Sommertag kann er seine gute Laune und seine Euphorie kaum bremsen und scheint förmlich zu platzen. Wenn nicht bei der Familie die super Neuigkeiten seiner neuen Firma erzählen, wo dann!?

Er hebt sein Glas, bittet um Aufmerksamkeit und Gehör, und spricht im Kreise seiner Engsten sein Vorhaben, seine Geschäftsidee und seine Träume.

Das Nächste, woran er sich erinnert, ist, dass er zu Hause heulend, voller Selbstzweifel mit der Decke über dem Kopf auf dem Sofa zusammengekauert liegt.

Was war passiert?

Nun, er hatte den Fehler begangen, seine Ziele und Träume mit Menschen zu teilen, die andere Grenzen für sich haben. Und als er seine Träume und Ziele aussprach, flogen die negativen Worte, zielten nur so in Richtung seines Körpers und fanden leider Gehör.

> *„Das kannst du doch gar nicht. Das hast du noch nie*
> *gelernt. So etwas gibt es schon. Na dann mal viel Glück,*
> *das kostet viel Zeit. Da musst du viel Steuern zahlen.*
> *Du weißt doch gar nicht, wie man ein Unternehmen*
> *führt. Mit deinem Schulabschluss wird es echt schwer.*
> *Du kannst doch nur Fußball. Du kannst das nicht."*

Das sind nur einige Auszüge von den Worten, die auf den jungen Mann einprasselten und dafür sorgten, dass sein Selbstbewusstsein auf einer Skala von 1–10 in den Minusbereich gedrückt wurde.

Und noch heute triggern ihn diese Worte. Er reagiert körperlich, aber er reagiert nicht mehr emotional. Er hat gelernt, damit umzugehen und dass es in Ordnung ist, dass andere Menschen nicht so denken wie er.

Diese Geschichte zeigt ganz deutlich, dass Worte andere Menschen verletzen können. Auch wenn wir schlecht über Menschen sprechen, wenn diese gar nicht vor Ort sind.

Sie können einem Menschen die Flügel stutzen. Ist es nicht viel schöner, einem anderen Menschen dabei zu helfen, in die Luft zu steigen, auf das nächste Level zu helfen und Teil des Ganzen zu sein?

Worte haben eine unglaubliche Macht. Wir müssen uns dieser Macht ganz bewusst werden, denn diese Macht können wir ganz gezielt auch positiv einsetzen. Am besten beginnen wir bei uns selbst.

Begleiten dich einige dieser Worte auch jahrelang? Müssen sie das auch?

Wir wissen, dass es extrem wehtun kann, wenn uns jemand dumm, faul, fett, oder hässlich nennt. Wollen wir wirklich einem anderen die Macht geben, uns mit Worten so zu verletzen?

Andersrum gefragt: Willst du mit deinen Worten auf andere schießen?

Aus meiner Erfahrung heraus bringt das keine Freude. Im ersten Moment fühlst du dich überlegen, aber nur weil du dein Gegenüber kleingemacht hast. Wenn wir alle ganz ehrlich zu uns sind wissen wir, dass das kein gutes Gefühl ist.

Deshalb ist mein letzter Tipp für dich, wähle deine Worte mit Bedacht und wähle die Worte, die du gerne über dich selbst hören würdest, und teile sie mit jemand anderem.

„I'm starting with the man in the mirror
I'm asking him to change his ways
And no message could've been any clearer
If they wanna make the world a better place
Take a look at yourself and then make a change"

Michael Jackson

Wie du schon von mir im 2. Schlüssel: Positives Denken gelesen hast, hat alles letztendlich eine positive und eine negative Seite. Wie immer im Leben kommt es auf das richtige Gleichgewicht an.

ATTRAKTIV

Bist du bereit, eine strahlende, beeindruckende und attraktive Person zu werden?

Bist du bereit, dein wahres Charisma zu entdecken und intensive Beziehungen zu anderen aufzubauen, die deine Gesellschaft genießen?

Nun, zuerst hör bitte auf, zu denken, dass du langweilig oder unattraktiv bist. Und dann unternimm aktiv einige Schritte, um dein Selbstbewusstsein zu stärken und von anderen mehr wertgeschätzt zu werden.

Ein gesunder Körper ist meist auch ein attraktiver Körper. Das bedeutet nicht, dass du ein Bodybuilder oder Marathonläufer werden musst. Fang damit an, dass du im Alltag grundsätzlich gesündere Entscheidungen triffst, und schau, wohin dich das bringt. Ein gesunder Lebensstil zeigt gleichzeitig Reife und Verantwortungsbewusstsein, die generell als attraktive Eigenschaften wahrgenommen werden.

Ganz egal, wie gepflegt du bist oder wie viel Make-up du trägst, Studien zeigen, dass Menschen, die zu wenig schlafen, weniger gesund, dafür müde und insgesamt weniger attraktiv aussehen. Deshalb achte auf deinen Schönheitsschlaf.

Du wirst automatisch attraktiver wirken, wenn du körperlich gesund aussiehst. Abgesehen von gesunder Ernährung und Sport, ist z. B. Meditation ein tolles Werkzeug, um einen entspannten Geist zu erreichen, Stresshormone abzubauen, deine Laune zu verbessern.

Diese Angewohnheiten werden dafür sorgen, dass du dich leicht und entspannt fühlst und das auch ausstrahlst. Durch Meditation, Achtsamkeit, oder einfach ein bisschen mehr Bewusstsein für die Dinge, die um dich herum geschehen. Es ist eine kleine Veränderung mit großen Auswirkungen. Gewöhn dir an, im Hier und Jetzt zu leben, und beobachte, wie andere auf die positive Aura reagieren, die dir das verleihen wird.

Lass deine Körpersprache Attraktivität ausstrahlen. Eine offene Körpersprache kann attraktiver sein als jedes Outfit. Du kannst sie einsetzen, um Nahbarkeit und Attraktivität zu verströmen. Verschränk nicht die Arme, schau nicht ständig auf dein Telefon, während du mit jemandem redest, und umarm nicht deine Tasche oder halt ein Weinglas vor dich. All diese Gesten können dich verschlossen und unnahbar wirken lassen.

Zeig zum Beispiel deine Hände. Wenn wir die Hände einer anderen Person nicht sehen können, tun wir uns sofort schwer damit, ihr zu vertrauen.

Forschungen belegen, dass Nahbarkeit zu den attraktivsten Eigenschaften einer Person gehört. Wenn du mit anderen in Kontakt trittst, zeige ihnen, dass du eine Verbindung zu ihnen aufbauen willst, indem du auf eine offene und nahbare Körpersprache achtest. Steck die Hände nicht in deine Taschen, unter den Tisch oder unter deine Jacke. Andere Menschen werden sich dir sonst nur sehr zögerlich öffnen.

Wusstest du eigentlich, dass es zahlreiche Studien über die Kraft des Lächelns gibt?

Das hat mich absolut umgehauen. Wenn du irgendwann mal Zeit hast, dann Google doch mal die Wirkung von Lächeln. Ich habe vor kurzer Zeit gelernt, dass, wenn du lächelst, dein Verstand sagt: *„Hey, ich dachte, wir wären gestresst, aber vielleicht sind wir es nicht, weil wir lächeln."*

Stress geht buchstäblich sofort zurück, wenn man ein breites Lächeln aufsetzt. Dein Unterbewusstsein ist so mächtig, dass es in der Lage ist, deinem Gehirn mitzuteilen: *„Hey, Leute, wir lächeln! Wir müssen also glücklich sein."*

Es ist sogar wissenschaftlich bewiesen: Wenn wir häufiger lächeln, werden wir länger leben und der Blutdruck wird gesenkt. Wir werden mehr und vor allem bessere Freundschaften schließen und tatsächlich wird sich auch das Eheleben deutlich verbessern.

Was wäre, wenn sich deine Gegenwart auf die Menschen, mit denen du gerne zusammen bist, positiv auswirken würde? Es ist unglaublich, wie einfach und doch wichtig dieser Tipp ist. Wenn du lächelst, wirkst du sofort viel nahbarer, interessanter und freundlicher. Ein Lächeln ist ein extrem wichtiger Faktor, wenn du attraktiv sein willst.

Lächle Menschen an, die dir begegnen – die meisten werden zurücklächeln.

Wenn ein einfaches Lächeln das alles bewirken kann, wie würde unser Leben aussehen, wenn wir aufrecht stehen, unseren Kopf hochhalten, unsere Schultern nach hinten ziehen und mit viel Energie reden würden?

Wie in dem Lied von Seelemann (Mach dich groß), kann ich es gar nicht oft genug sagen: **Mach dich groß!**

Halte den Kopf gerade und Blicke geradeaus. Wenn du einen selbstbewussten Gang kultivierst, wirst du dich gleich viel wohler in deiner Haut fühlen. Dies ist eine der einfachsten und effektivsten Möglichkeiten, deine Attraktivität zu steigern. Achte einfach auf eine gute Haltung.

Ermuntere andere, dir von sich zu erzählen. Stell sie ins Rampenlicht, gib ihnen deine volle Aufmerksamkeit und Anerkennung, indem du dich voll und ganz auf sie konzentrierst. Hör immer erst mal zu. Wenn man Leute über sich selbst reden lässt, werden in ihrem Gehirn wohlige Gefühle ausgelöst. Starr dabei nicht auf dein Handy oder deinen Monitor. Konzentriere dich zu 100 % auf dein Gegenüber.

Verbringe bitte nicht so viel Zeit damit, körperlich attraktiver zu werden, um andere zu beeindrucken. Du solltest lernen, mental attraktiv zu werden.

Natürlich ist körperliche Fitness absolut wichtig. Denn wie schon in Kapitel 3 beschrieben, haben wir nur diesen einen Körper, und auf diesen solltest du stets achten und ihn besonders gut pflegen und behandeln.

Doch um besonders attraktiv zu werden, rate ich dir zusätzlich: Bilde dich täglich weiter. Lies Bücher und Fachzeitschriften. Nutze das Internet, wie z. B. Youtube oder Podcasts, und nutze das dort kostenfreie zur Verfügung gestellte Wissen zu mittlerweile fast allen Themen. Nie war es so leicht, zu lernen. Dazu darf ich dir herzlichst meinen eigenen **Podcast** mit dem Namen „**That's Life. That's Ok.**" empfehlen. In diesem spreche ich mit Anne Hasler genau über dieses und viele andere Themen, und das Beste daran ist, dass es dich keinen Cent kostet.

Lerne auch mit Unsicherheiten umzugehen und verbanne wiederkehrende giftige und negative Gedanken aus deinem Leben, und lerne vor allem eines: Allein glücklich zu sein.

Die Kunst, allein glücklich zu sein, beherrschen nicht viele Menschen. Die meisten Menschen können nicht allein sein, und wenn sie es mal sind, dann sind sie unzufrieden. Eine sehr wichtige Erfahrung, die ich machen durfte, war es zu verstehen, dass Glück bei dir zu Hause beginnt und in dir.

Wenn du anfängst, von innen heraus zu strahlen, trittst du selbstbewusster auf. Wenn du dir täglich selbst sagst, dass du ein wertvoller Mensch bist und gut bist, so wie du bist, dann wirst du nach außen strahlen. Dieses positive Strahlen überträgt sich auf dein Umfeld und lässt zu, dass Menschen sich in deinem Umfeld sicher, geborgen und ebenfalls selbstbewusst fühlen.

Lass das Licht in anderen Menschen scheinen. Sei wie eine Kerze, die ihr Licht weitergibt. Wenn wir selbst scheinen, geben wir anderen unbewusst die Erlaubnis, das auch zu tun.

„Hast du schon mal jemanden so sehr geliebt,
dass du alles für diese Person getan hättest?
Sei du selbst diese Person und tue,
was immer dich glücklich macht."

Unbekannt

Nimm dir jeden Tag mindestens 30 Minuten Zeit, um in einem Buch deiner Wahl zu lesen. Finde ein Thema, das dich begeistert oder zu dem du vielleicht noch Ressourcen hast. Also damit meine ich Themengebiete, in denen du wachsen und lernen willst, weil du einfach merkst, dass dir andere in gewissen Themenbereichen voraus sind.

Egal welches Thema du für dich auswählst, wichtig ist, dass du mit Spaß und Freude die Seiten liest und sie keine Qual sind.

„Werde zu dem Menschen,
den du selber gerne
um Rat fragen würdest."

Unbekannt

NEIN

Weißt du, was so viele nicht verstehen?

Das Wort „**Nein**" ist ein vollständiger Satz, der keine zusätzliche Rechtfertigung oder Erklärung benötigt.

Der Schlüssel für ein freies, glücklicheres und selbstbestimmtes Leben ist, zu lernen, „**Nein**" zu sagen. Wenn du lernst, „**Nein**" zu anderen zu sagen, ist das ein „**Ja**" zu dir selbst und du stehst für deine eigenen Bedürfnisse, Interessen und Wünsche ein.

Indem du bewusst Prioritäten setzt und Entscheidungen an deinen eigenen Wünschen, Bedürfnissen und Zielen ausrichtest, übernimmst du Verantwortung. Damit geht ein unbezahlbares Gefühl von Selbstbestimmung und Freiheit einher. Du entscheidest dich mit jedem „**Nein**" aktiv für dich und für dein eigenes Glück.

Wie oft sagst du zu Partys oder Veranstaltungen zu, obwohl du keine Lust hast?

Wie oft hast du schon zu einer Sache „**Ja**" gesagt und vorgespielt, dass du sie gerne machst, obwohl du insgeheim wünschtest, du hättest „**Nein**" gesagt?

Wir gehen zu oft Kompromisse ein, nur um dem Gegenüber zu gefallen oder Gefühle nicht zu verletzen. Lerne, „**Nein**" zu sagen, ohne dich selbst erklären zu müssen.

Wenn jemand durch diese von dir gesetzte Grenze beleidigt oder damit nicht einverstanden ist, dann ist das sein Problem. Menschen schätzen ein klares „**Nein**" und damit gewinnt eine Zusage von dir zu Dingen immens an Bedeutung.

Rechtfertige dich niemals dafür, früher von einer Feier zu gehen, und suche niemals eine Entschuldigung. Es ist dein Leben und deine Entscheidung.

Viel zu oft sagen wir „**Ja**" zu Dingen, die kein „**Ja**" verdienen.

Damit berauben wir uns der Zeit für Dinge, die tatsächlich ein „**Ja**" brauchen. Tue nichts, woran du keinen Spaß hast. Du hast nur dieses eine Leben. Selbstverständlich unterstützt du deine Freunde oder Familie, aber dein Wert als Mensch wird nicht dadurch bemessen, wie viel du für andere gibst.

Sicher kennst du das Beispiel aus dem Flugzeug. Wem sollst du zuerst die Sauerstoffmaske aufsetzen? Richtig, dir! Denn wenn du keinen Sauerstoff zum Atmen hast, wie kannst du dann anderen helfen? Nur wenn du in deiner Kraft bist, kannst du für andere leuchten. „**Nein**"-Sagen wird anfangs anstrengend, egoistisch und fremd sein.

Freue dich darauf! Die ersten werden es an dir kritisieren, dann weißt du, dass du auf dem richtigen Weg bist. Lass mich ganz ehrlich mit dir sein. Kann es wehtun? Ja.

Wirst du dich anzweifeln? Ja. Du darfst dir vertrauen und wirst getestet, wie ernst du es wirklich meinst.

Ich möchte dir noch ein paar Gründe nennen, die für ein „**Nein**" sprechen.

Du allein bist verantwortlich für deine Bedürfnisse. Auch wenn wir gern die Verantwortung für unser Glück den Mitmenschen übertragen würden, gilt: Du bist allein für dich und dein Leben verantwortlich.

Jede/r verfolgt eigene Ziele und muss zunächst darauf achten, sich selbst treu zu bleiben. Das ist keine Form von Egoismus, sondern eine gesunde, notwendige Selbstfürsorge. Wenn du weißt, was dir guttut und worauf du lieber verzichten möchtest, wirst du mehr Kraft für dich und andere haben.

Wer dein *„Nein"* kennt, wird dein *„Ja"* zu schätzen wissen. Je mehr sich Menschen an Unterstützung gewöhnen, umso selbstverständlicher erscheint die Hilfe. Mit steigender Selbstverständlichkeit sinkt die Wertschätzung der Leistung. Zudem wird die Enttäuschung über ein *„Nein"* unverhältnismäßig größer sein als bei dosiertem Ablehnen.

Was denkst du über Menschen, die niemals mit einem *„Nein"* reagieren? Wie verhältst du dich diesen Menschen gegenüber?

Du hast nur begrenzte Ressourcen. Körper und Seele können unfassbar stark sein, wenn es darauf ankommt. Du hast – selbst wenn du glaubst, am Ende zu sein – immer noch Kraftreserven, die dir gegebenenfalls zur Verfügung stehen. Doch mit letzter Kraft zu leben, wird dich irgendwann in die Knie zwingen. Auf die Balance zwischen Anspannung und Entspannung zu achten ist daher deine wesentliche Aufgabe.

Wer oder was kostet Kraft? Wie viel? Und willst du deine Energie verschenken oder wird sie dir gestohlen? Mach dir bewusst, dass nur du allein bestimmst, welchen Preis dein *„Ja"* haben darf. Denn im ungünstigsten Fall wirst du eigene Krisen allein bewältigen müssen, auch wenn du zuvor andere tatkräftig unterstützt hast.

Ein „*Ja*" erfordert deine Reaktion. Hast du etwas zu geben? Dann gib. Fällt es dir vielleicht gerade schwer, deine Energie anderen zu widmen, dann erlaube dir dein „*Nein*". Jedes „*Ja*" verlangt eine Reaktion, ein „*Nein*" hingegen nimmt dir erst mal die auferlegte Bringschuld. Egal ob du mit deinem „*Ja*" etwas tun oder unterlassen musst, etwas voranzutreiben oder zu tolerieren hast, denke an deinen Energiehaushalt.

Ein „*Nein*" mag zwar die Tür für spätere Kooperationen oder benötigte Hilfe verschließen, eine Garantie auf beides schenkt dir aber auch kein „*Ja*".

Sich selbst zu erlauben, „*Nein*" zu sagen, hat eine tiefgreifende Wirkung auf die Selbstakzeptanz. Es ist wie eine Anerkennung deiner eigenen Bedürfnisse und Grenzen. Du zeigst Respekt für dich selbst und verurteilst dich nicht dafür. Zumindest in diesem Augenblick der Entscheidung. Sicher, es kann vorkommen, dass wir uns später denken, „*Ach, hätte ich doch Ja gesagt*", aber oft liegt das daran, dass wir die möglichen Konsequenzen eines „*Ja*" nicht unmittelbar erleben. Generell versuchen wir oft, die Kluft zwischen unseren Gedanken und unseren Handlungen zu verringern, indem wir ein „*Ja*" rechtfertigen, selbst wenn es unseren eigenen Bedürfnissen widerspricht.

„*Nein*" zu sagen ist eine Zeitersparnis. Nüchtern kalkuliert – und ja, das muss auch im Persönlichkeitsbereich stattfinden dürfen – spart dein „*Nein*" nicht nur Energie, sondern auch Zeit. Und zwar die Zeit, in der du die übernommene Aufgabe hättest erledigen müssen, und schließlich die Zeit, die du damit verbracht hättest, wieder auf ein ausgeglichenes Energieniveau zu kommen.

Die Qualität deiner Erlebnisse steigt. Je öfter du dir erlaubst „*Nein*" zu sagen, umso authentischer wirst du deine Zeit verbringen. Oder anders gesagt, je weniger Zeit du damit beschäftigt bist, die Ziele anderer umzusetzen, umso mehr wirst du dein Leben nach eigenen Wünschen gestalten können.

Langfristig gesehen steigt also die Wahrscheinlichkeit der Angleichung deiner Erlebnisse an die persönlichen Vorstellungen.

Fairness gegenüber dem Umfeld. Wenn du Grenzen setzt, lernt dein Umfeld dich besser kennen. Niemandem ist geholfen, wenn du ausschließlich versuchst, anderen zu gefallen. Einerseits täuschst du vor, jemand anderes zu sein, und andererseits ziehst du damit nicht die zu dir passenden Personen an. Irgendwann wirst du die Maskerade nicht mehr aufrechterhalten können.

Ein „*Nein*" ist kein Misserfolg. Wenn du etwas aus Zeitmangel oder Energieknappheit ablehnen musst, mag das zwar unangenehm sein, hat aber mit Misserfolg nichts zu tun. Tatsächlich steigt die Wahrscheinlichkeit auf Misserfolg erst mit der Anzahl der Aufträge. Anders ausgedrückt: Jedes „*Ja*" beschert dir zusätzliche Aufgaben. Übersteigen diese irgendwann deine Ressourcen, wirst du zwangsläufig Misserfolg ernten. Überlege daher, ob ein klares, verantwortungsbewusstes „*Nein*" für deinen langfristigen Erfolg nicht sinnvoller ist.

Offenheit und ein „*Nein*" widersprechen sich nicht. Hartnäckig hält sich der Mythos, dass ein „*Ja*" für Offenheit steht. Offenheit für Neues, für alternative Wege und ungewöhnliche Zugänge. Doch ein „*Ja*" zu einem Weg ist immer ein „*Nein*" zu einem anderen Weg. Du kannst nicht jeder Duftmarke nachgehen und schon gar nicht erwarten, dass mehrere Strategien mit geringeren Ressourcen – Zeit und Aufmerksamkeit werden ja nicht mehr, wenn du sie teilst – zu größerem Erfolg führen. Auch hier brauchst du in einer Entscheidungssituation das Recht auf ein „*Nein*".

Deine Glaubenssätze dürfen ersetzt werden. So manchen in der Kindheit erworbenen Glaubenssatz darfst du im Erwachsenenalter getrost überschreiben. Spätestens wenn du erfährst, dass **„Sei brav!"** nicht automatisch zum Erfolg führt, bist du dazu aufgefordert, alte Glaubensmuster zu hinterfragen. Das ist nun keine Anleitung zum Ungehorsam, sondern eine Aufforderung zur Weiterentwicklung.

Wer sagt, dass die Annahmen aus der Kindheit noch 30 oder 40 Jahre später zutreffen müssen? Die Welt wandelt sich, und du solltest dich bestenfalls mit ihr entwickeln.

Ich bin mir sicher, du wirst noch zahlreiche weitere Gründe finden, die dafür sprechen, dir ein „Nein" zu erlauben. Du musst bei der Umsetzung weder grob sein, noch ist es nötig, Brücken abzureißen. Finde stattdessen deinen persönlichen Weg. Erbitte dir beispielsweise nach einer Anfrage Bedenkzeit oder bedanke dich für das Vertrauen und lehne dann höflich ab. Wenn gegenwärtig noch nicht der richtige Zeitpunkt für die Erfüllung einer Bitte gekommen ist, kannst du auch ein „Ja" in Aussicht stellen.

Oder vielleicht möchtest du eine andere Person empfehlen, die diese besser erfüllen kann als du? Probiere unterschiedliche Strategien aus und gehe davon aus, dass egal wie du dich entscheidest, dein „Nein" einmal ablehnend verstanden und ein anderes Mal respektiert werden wird.

„Das größte Gewicht, das du jemals verlieren wirst,
ist die Meinung anderer Leute über dich."

Unbekannt

SPASS

Du stehst mitten im Leben und fragst dich oft, wer eigentlich bestimmt, was Spaß macht und was nicht. Es ist eine interessante Frage, die viele von uns beschäftigt. Die Antwort darauf ist nicht immer einfach, denn Spaß ist subjektiv und hängt oft von persönlichen Vorlieben und Erfahrungen ab.

Manchmal fühlen wir uns von der Gesellschaft oder den Erwartungen anderer Menschen beeinflusst, wenn es darum geht, was wir als Spaß empfinden sollten. Vielleicht sagt dir jemand, dass eine bestimmte Aktivität cool oder unterhaltsam ist, und du versuchst, es genauso zu sehen, obwohl es dir eigentlich keinen Spaß macht. Das kann dazu führen, dass du dich unwohl fühlst und nicht authentisch bist.

Es ist wichtig zu verstehen, dass jeder Mensch unterschiedlich ist. Was dem einen Spaß macht, kann für den anderen langweilig oder sogar stressig sein. Der Schlüssel liegt darin, herauszufinden, was dir persönlich Freude bereitet, und dich nicht von den Erwartungen oder Meinungen anderer Menschen beeinflussen zu lassen.

Kennst du die Definition von Spaß?

Gemäß Duden ist Spaß das Vergnügen, welches bei einem bestimmten Tun aufkommt.

Was macht dir besonders viel Spaß? Was bereitet dir besonders viel Vergnügen?

In welchen Situationen des Lebens fühlst du dich besonders glücklich und hast das Gefühl von Freiheit?

Was auch immer es ist. Mache es einfach.

Für jeden Menschen hat Spaß eine andere Bedeutung und das ist völlig in Ordnung. Das heißt aber nicht, dass du dieselbe Definition von Spaß haben musst wie dein Gegenüber. Deshalb akzeptiere niemals die Definition anderer Leute von „**Spaß**".

Spaß kann zum Beispiel eine Nacht allein sein. Es kann Spaß sein, sich in einem Buch zu verlieren oder ein tiefgründiges Gespräch mit einem Menschen zu führen. Es kann eine vierstündige Autofahrt mit Disney-Musik bis zum Anschlag sein. Halten dich alle anderen im Stau für komplett Banane? Wen interessiert es?

Spaß kann auch ein Spaziergang sein oder ein Kunstwerk zu schaffen, Musik zu machen oder seine Arbeit gerne zu verrichten. Wenn dir jemand sagt, dass er Spaß an seiner Arbeit hat und gerne hingeht, dann steht es dir nicht zu, darüber zu urteilen. In diesem Fall solltest du ihn zu seinem Spaß beglückwünschen. Manche Menschen lieben Zahlen, ich habe lieber Kreide geholt, als in Mathe anwesend zu sein.

Schätze die kleinen Dinge im Leben, die dir Spaß machen. Das kann die freundliche Geste eines anderen Menschen sein, die Natur, der Kaffee aus deiner Lieblingstasse usw. Das geht einher, dafür dankbar zu sein, was du hast. Mich hat ein Gedanke vor Jahren richtig gepackt:

Wenn du morgen nur noch hast, wofür du heute dankbar warst, was bleibt dir dann?

Ich kann es gar nicht oft genug betonen: Vergleiche dich nicht mit anderen Menschen. Unzufriedenheit entsteht meist dadurch, dass sich die Gedanken um das Leben anderer drehen.

Umgib dich mit Menschen, die positiv sind. Denn solche, die jammern und selbst im Sumpf aus Mitleid und Unzufriedenheit stecken, ziehen dich nur runter. Sie geben dir oft sogar ein schlechtes Gewissen und rauben dir die Freude an deinen kleinen und großen Dingen. Positive Menschen hingegen unterstützen dich bei deinen Lebenszielen und geben dir ein besseres Lebensgefühl.

Es sind positive Menschen, die deine Definition von Spaß nicht verurteilen, oder beurteilen, sondern die sich für dich und vor allem mit dir freuen. Ich möchte dir dazu noch sagen, dass dein Freundeskreis sich dadurch verkleinern und verändern wird.

Das soll dir keine Sorgen bereiten. Sondern dir die Sicherheit geben, dass ich genau die gleichen Erfahrungen gemacht habe und genau weiß, wie es sich anfühlt. Du bist nicht allein!

Was auch immer dir Spaß macht, der Spaß gehört dir. Du definierst ihn.

Um herauszufinden, was dir Spaß macht, solltest du verschiedene Dinge ausprobieren und deine eigenen Interessen erkunden. Sei offen für neue Erfahrungen und höre auf dein Bauchgefühl. Du musst niemandem beweisen, dass das, was dir Freude bereitet, legitim ist. Solange es legal und moralisch vertretbar ist, ist es in Ordnung.

Denke daran, dass Spaß eine wichtige Rolle in unserem Leben spielt.

Er kann Stress abbauen, unsere Stimmung verbessern und uns dabei helfen, glücklicher und zufriedener zu sein.

Lass dich also nicht von anderen davon abbringen, das zu tun, was dich wirklich glücklich macht. Du allein bestimmst, was Spaß für dich bedeutet.

FEHLER

Eine meiner wichtigsten Empfehlungen an dich ist:

Verdopple deine Fehler.

Mache viele Fehler. Mache große Fehler. Du lebst nur einmal. Also tue, was du leidenschaftlich gerne tust. Nutze jede berufliche Gelegenheit, um zu lernen und zu wachsen.

Siehe deine Fehler als einen wichtigen Baustein in deiner Entwicklung an. Fehler sind nicht schlimm oder peinlich, solange man nicht immer dieselben Fehler macht. Fehler sind Helfer, nur halt eben anders buchstabiert.

Bitte hab keine Angst davor, Fehler zu machen und dafür von anderen Menschen komisch angeguckt zu werden. Erfolge bringen Anerkennung und Geld. Fehler dagegen bringen zunächst keine Belohnung.

Aber Fehler sind für unsere persönliche Weiterentwicklung extrem wichtig, denn sie bringen uns Erfahrungen, die uns niemand mehr nehmen kann. Das funktioniert nur, wenn man seinen eigenen Weg geht und seine eigenen Fehler macht.

Zerreißt es dich gerade innerlich?
Wie jetzt? Ich soll Fehler machen?
Bewusst, oder was? Nein!

Fehler sind hier vielmehr Zeichen davon, dass du etwas Neues lernst und deine Komfortzone verlässt.

Das ist normal. Leider hören viele mit dem Abschluss der Schule auf, Neues zu lernen.

Apropos, Schule. Der wohl stärkste Grund, warum du krampfhaft versuchst, Fehler zu vermeiden, liegt darin, dass du in der Schule für Fehler bestraft wurdest. Du hast dort gelernt, auf Teufel-komm-raus, alles korrekt zu machen. Sei also nicht so hart zu dir selbst. Es braucht Zeit und Übung, bis du diesen alten Glaubenssatz ablegen kannst.

Lass es mich dir so erklären. Setzt du dir ein Ziel, das du noch nie erreicht hast, ist es fast unvermeidbar, dass du auf deinem Weg zu deinen Zielen stolpern wirst, und das ist gut so. Du bist den Weg ja so noch nie gegangen, richtig? Dann ist es doch total ok, sich auch mal zu verlaufen, oder? Gut, warum bist du dann wieder so hart zu dir? Vielleicht wird daraus der schönste Umweg deines Lebens.

Dazu möchte ich dir eine Geschichte von einem sehr erfolgreichen Sportler erzählen:

Er hört auf den Namen Michael Jordan und ist einer der berühmtesten ehemaligen US-amerikanischen Basketballspieler in der Geschichte des NBA (der amerikanischen Profiliga im Basketball).

Er gewann mit seinem Team 6 NBA-Championships, die NCAA-Championship und zweimal Basketball-Olympia. Zudem erhielt er zahlreiche individuelle Auszeichnungen für sein Können.

Doch es lief nicht immer so gut. In seiner High-School-Zeit wurde Jordan nicht einmal in das Basketball-Team aufgenommen. Sein Zitat fasst seine Karriere treffend zusammen:

„In meiner Karriere habe ich über 9000 Würfe verfehlt. Ich habe fast 300 Spiele verloren. 26 Mal wurde mir der spielentscheidende Wurf anvertraut und ich habe ihn nicht getroffen. Ich habe immer und immer wieder versagt in meinem Leben. Deshalb bin ich erfolgreich.“

Michael Jordan

Solltest du einen Fehler machen, dann gratuliere ich dir ganz herzlich dazu, denn du hast einen Weg gefunden, wie etwas nicht funktioniert.

Wie etwas nicht funktioniert, weiß wohl niemand besser als Edison.

Edison ist berühmt dafür geworden, die Glühbirne „erfunden“ zu haben. Dabei hat er sie nur weiterentwickelt. Wusstest du, dass er dabei 10.000 Versuche gebraucht hat, bis es geklappt hat? Gefeiert wird er für den einen, aber es hat die anderen 9.999 gebraucht, um diesen einen zu finden.

Als Grundschüler bekam er von den Lehrern zu hören, dass er zu dumm sei, um je etwas zu lernen. Bei Arbeitsstellen wurde er gefeuert, weil er nicht produktiv genug sei. Und die meisten seiner Erfindungen waren schlichtweg Flops.

Was wäre wohl gewesen, wenn Edison nach dem 9.999. Versuch der Optimierung der Glühbirne aufgegeben hätte?

Das klingt nach einer philosophischen Frage.

Jedenfalls hatte Edison Durchhaltevermögen und die Fähigkeit, aus Fehlern lernen zu können. Jeder **FEHLER** war letztendlich nur ein weiterer **HELFER,** um ihm der Erfindung der Glühbirne näher zu bringen.

Was du vermeiden solltest, wenn etwas nicht funktioniert, ist, diesen einen Fehler erneut zu machen.

Denn das wäre ehrlich gesagt ziemlich dumm. Wenn du konstant lernen und wachsen willst, dann sei lernfähig und lernwillig. Denn diese beiden Eigenschaften sind generell wichtig für deine persönliche Weiterentwicklung.

Reggie Jackson ist ein ehemaliger US amerikanischer Baseballspieler. Er schlug 2.600 Mal in seiner Karriere mit dem Baseballschläger Richtung Ball. Von den meisten Schlägen in der Geschichte des Baseballs, von den Strikeouts, also den Bällen, die er nicht getroffen hat, hört man nichts. Die Leute erinnern sich nur an die Homeruns, die er geschlagen hat.

Um etwas zu erreichen, musst du Risiken eingehen. Das wirst du wahrscheinlich schon einmal gehört haben, aber ich möchte dir sagen, warum das so wichtig ist.

Du wirst irgendwann in deinem Leben scheitern, akzeptiere es, du wirst verlieren. Du wirst dich blamieren, daran gibt es keinen Zweifel.

Aber ich sage dir, ärgere dich nicht, da es unvermeidlich ist. Lass uns hier mal darüber sprechen, was auf Social Media vertuscht wird und weswegen du oft genug denkst, mit dir stimmt etwas nicht. Wir sehen nur die meistgeschauten Videos. Die Erfolglosen können mit einem Klick gelöscht werden und scheinen wie nie dagewesen. Genau darin liegt das Problem: Das scheinbare „Scheitern" wird vertuscht und verzerrt somit die Realität. Nicht in diesem Buch.

Wenn du Fehler begehst, dann wirst du um eine weitere Lektion nicht herumkommen, und zwar Verantwortung für diese Fehler zu übernehmen.

Zeige niemals mit dem Finger auf Andere und sage niemals, dass du nicht dort bist, wo du sein willst, wegen ihm oder ihr. Das ist die Denkweise der Schwachen, aber das bist du nicht. Du bist stärker, deshalb übernimm Verantwortung und steh dazu, wenn etwas schiefgegangen ist.

Der Vorteil ist, dass du allein die Macht behältst, den Fehler zu korrigieren, und du über dich selbst bestimmst. Gib niemals anderen Menschen die Schuld für deine Fehler, denn dann übergibst du ihnen die Macht. Es ist keine Schande, zu seinen Fehlern zu stehen, und kein Zeichen von Schwäche – es zeigt deine innere Stärke.

Mache selbst mehr Fehler und räume Menschen Fehler ein. Alle Fehler, die du bisher gemacht hast, haben dich zu der Person gemacht, die du heute bist, und alle Fehler, die du noch begehen wirst, werden dich zu einer besseren Version wachsen lassen.

Das war wahrscheinlich das komischste Kapitel, was du bisher in diesem Buch gelesen hast, oder? Weißt du warum? Weil dir in deiner ganzen Schulzeit beigebracht wurde, Fehler zu vermeiden. Fehler wurden rot markiert und bei zu vielen Fehlern musstest du die Klasse wiederholen – Hilfe! Peinlich! Versagt!

Während ich das schreibe, möchte ich schreiben: That's total bullshit! Doch ich bleibe für dich beim Deutsch und drücke es diplomatischer aus:

Das ist totaler Quatsch!

Hast du das nicht vorhin schon mal gelesen? Ja, richtig. Ich weiß doch, was gerade in deinem Kopf vorgeht ... Beim Aufbrechen alter Glaubenssätze ist es meiner Meinung nach wichtig, sich bewusst zu werden, dass sie nicht deine eigenen sind, sondern dir von außen übergestülpt wurden.

Ich sage dir noch eins: Fehler sind nicht nur für dich wichtig, sie sind wichtig für das Leben von uns allen. Ich hab' hier ein paar gute Gründe, warum du sie nicht fürchten solltest. Das ist kein Freifahrtschein für Chaos, okay? Aber lass die Angst vor Patzern hinter dir.

Fehler sind der Anti-Klatsch-Superheld.

Wer Fehler macht und sie offen zugibt, wird zum Superstar der Menschlichkeit und bleibt unberührt vom Klatsch-Karussell. Klatsch verbindet, das ist klar. Mal ehrlich, wer hat nicht schon mal über Hans' letzte Eskapaden abgelästert?

> *„Schon gehört, was Hans wieder angestellt hat?*
> *Und der Chef, wie der da hochgekommen ist,*
> *ist mir ein Rätsel."*

Klatsch geht runter wie Öl, aber hilft er wirklich?

Eher nicht. Klatsch ist pure Selbstgefälligkeit. Und Hochmut kommt bekanntlich vor dem Fall. Wer sich für besser hält, kriegt hier den Realitätscheck serviert. Niemand ist fehlerfrei.

Keine Panik, das ist eine gute Sache. Fehler machen uns nämlich demütiger.

Ich behaupte, wer Fehler macht, hat's drauf.

Bei jemandem, der nie Fehler macht, gibt es zwei Optionen: Entweder er macht nichts oder er spielt den Perfekten. Mehr gibt's nicht.

Kennst du diese Leute, die scheinbar keine Fehler machen? Die haben's schwer. Sie trauen sich nicht, Verantwortung zu übernehmen. Sie verbringen ihr ganzes Leben in ihrer Komfortzone. Wer nichts riskiert, kann nichts falsch machen. Aber auch nichts wirklich Richtiges.

Fehler sind das Zeichen, dass du im Spiel bist. Und ja, dabei kann auch mal was schiefgehen.

Fehler zwingen uns zum Größerwerden.

Wir streben nach Fortschritt, klar. Fehler sollten keine Dauergäste sein, aber sie sind oft unvermeidlich. Sie fordern uns heraus, es beim nächsten Mal besser zu machen.

Fehler stärken auch unsere Beziehungen.

Was tun wir, wenn wir was versemmeln? Wir vertuschen es nicht, das wäre dämlich.

Stattdessen suchen wir Menschen. Wir holen uns Unterstützung und Trost von anderen. Fehler zeigen uns den Wert unserer Mitmenschen. Wie erleichtert sind wir, wenn uns unsere Fehler vergeben werden? Wie befreiend ist das?

Selbst Hans, der Vollidiot, zeigt plötzlich gute Seiten.

Und der Chef? Der ist auf einmal ein empathischer Anführer, der zu uns steht.

In unserer egozentrischen Gesellschaft erinnern Fehler daran, warum Menschen wichtig sind. Wer sonst beruhigt uns? Der Fernseher? Wer zeigt uns, wem wir vertrauen können?

Kurz gesagt, Fehler machen uns menschlicher. Und Menschlichkeit ist Gold wert.

Fehler zwingen uns zum Innehalten.

In unserer hektischen Welt kommen wir selten dazu, über unser Leben nachzudenken. Wir handeln, wir agieren.

Reflektieren bleibt oft auf der Strecke.

Ein Fehler, besonders ein großer, wirft uns aus der Bahn und zwingt uns zum Nachdenken. Er ist wie ein Reset-Knopf im Leben. Alles wird langsamer. Und deshalb sind Fehler gut.

Also, ja, Fehler sind schmerzhaft, und wir wollen sie lieber meiden. Aber sie passieren und haben einen wichtigen Platz im Leben. Am Ende machen uns Fehler zu besseren Menschen, vielleicht sogar zu echten Superhelden.

Übrigens, hast du die Grammatikfehler im Text schon gezählt? Kein Problem, bring mich auf Kurs und melde dich bei mir.

PS: Es wird einige Zeit dauern, bis du diesen Glaubenssatz loswirst. Du wirst immer wieder ins alte Muster fallen, that's ok. That's life. Ganz normal. Das Beruhigende ist, dass du dieses Kapitel hier ja jetzt schon im Kopf hast. Lies es zwei bis drei mal, mache deine Übung mehr als einmal und das Alte wird dem Neuen weichen.

*„Misserfolg ist lediglich eine Gelegenheit, mit neuen
Ansichten noch einmal anzufangen."*

Henry Ford

Tu das, wofür du leidenschaftlich brennst. Geh Risiken ein und habe keine Angst zu versagen. Habe keine Angst davor, über den Tellerrand zu blicken.

Es gibt einen ganz alten IQ-Test, bei dem die Probanden die Aufgabe gestellt bekommen, neun Punkte mit einem Bleistift zu verbinden. Sie sollten nur vier Linien zeichnen, ohne dabei den Bleistift anzuheben, um alle Punkte miteinander zu verbinden. Die einzige Chance, diese Aufgabe richtig zu lösen, war es, über die einzelnen Punkte hinauszugehen, also über den Tellerrand hinaus zu gehen.

Also hab keine Angst davor, über den Tellerrand hinauszugehen und zu denken. Hab auch keine Angst davor, zu scheitern oder groß zu träumen. Doch bedenke, Träume ohne Ziele sind nur Träume. Setz dir Ziele. Lebensziele, Jahresziele, Monatsziele, Tagesziele, und verfolge diese konsequent mit der nötigen Disziplin.

Du musst, um deine Ziele zu erreichen, den Fokus auf diese richten und jeden Tag dafür arbeiten, und das nicht nur am Dienstag, oder wenn du dich danach fühlst. Jeden Tag aufs Neue. Wirklich harte Arbeit, das ist das, was die erfolgreichen Menschen jeden Tag tun.

FREUNDLICHKEIT

Du stehst morgens auf und die Welt draußen wirkt manchmal wie ein stürmischer Ozean. In diesen Momenten, in denen der Alltag dich mit seinen Anforderungen überrollt, kann die Kraft der Freundlichkeit eine Insel der Ruhe sein.

Es ist erstaunlich, wie eine simple Geste, ein freundliches Lächeln oder ein aufmunterndes Wort die Atmosphäre verändern kann.

Vielleicht erinnerst du dich an den Tag, an dem jemand dir die Tür aufgehalten hat, als deine Hände voller Lasten waren. Dieser Moment der Freundlichkeit hat nicht nur deine Last erleichtert, sondern auch deinen Tag erhellt. Dies zeigt, dass Freundlichkeit nicht nur die Beziehung zu anderen beeinflusst, sondern auch einen Dominoeffekt auf dein eigenes Wohlbefinden haben kann.

Wenn du freundlich bist, schaffst du eine positive Energie, die nicht nur dich, sondern auch die Menschen um dich herum beeinflusst. Ein Lächeln ist ansteckend, und gute Taten erzeugen eine Kette von wohlwollenden Handlungen.

Es gibt Zeiten, in denen das Leben dich herausfordert, und es scheint, als ob alles gegen dich ist. In solchen Momenten kann Freundlichkeit eine unerwartete Rettungsleine sein. Das Lächeln eines Fremden oder ein aufmunterndes Wort können wie ein Lichtstrahl in der Dunkelheit sein, der dir zeigt, dass es trotz allem Gutes auf der Welt gibt.

Es kostet nicht viel, freundlich zu sein, aber der Wert davon ist unbezahlbar.

Deine Worte können wie Balsam für die Seele eines anderen sein, und deine Taten können die Last eines Mitmenschen erleichtern. Die Welt braucht mehr Freundlichkeit, und du kannst Teil dieses positiven Wandels sein.

Sei dir bewusst, dass Freundlichkeit nicht nur in großen Gesten besteht, sondern oft in kleinen, alltäglichen Handlungen liegt. Ein freundliches Wort, ein aufmerksames Zuhören oder einfach da zu sein, wenn jemand dich braucht, kann einen großen Unterschied machen.

Also, inmitten der Hektik des Lebens, denke daran: Du hast die Macht, Freundlichkeit zu verbreiten.

Dein Lächeln kann jemandes Tag erhellen, deine Worte können Trost spenden, und deine Handlungen können die Welt um dich herum verbessern. Freundlichkeit ist eine Sprache, die jeder versteht, also sprich sie oft und laut aus.

Denke einmal darüber nach, wie oft du selbst von der Freundlichkeit anderer profitiert hast.

Ein freundlicher Kollege, der dir bei einem Projekt geholfen hat, ein Fremder, der dir den Weg erklärt hat, als du dich verlaufen hattest, oder ein Freund, der in schwierigen Zeiten für dich da war. Diese Momente der Freundlichkeit haben dich nicht nur unterstützt, sondern auch dein Vertrauen in die Menschheit gestärkt.

Die Schönheit der Freundlichkeit liegt auch darin, dass sie oft wie ein unsichtbares Band ist, das Menschen verbindet. Sie überbrückt Unterschiede, sei es in Kulturen, Sprachen oder Lebenserfahrungen. Freundlichkeit ist eine universelle Sprache, die von allen verstanden wird, unabhängig von Hintergrund oder Herkunft.

Es mag Augenblicke geben, in denen es schwerfällt, freundlich zu sein. Das ist menschlich. Aber auch in schwierigen Situationen kann ein Akt der Freundlichkeit wie ein Lichtblick wirken. Es bedeutet nicht, dass du deine eigenen Gefühle vernachlässigen sollst, sondern dass du trotzdem versuchst, ein kleines Licht in die Dunkelheit zu bringen.

Du bist vielleicht überrascht, wie viel Einfluss du mit deiner Freundlichkeit haben kannst. Ein einfacher Akt, der für dich vielleicht selbstverständlich ist, kann für jemand anderen den Unterschied zwischen einem guten und einem schlechten Tag bedeuten.

Die Kettenreaktion der Freundlichkeit kann eine positive Dynamik erzeugen, die weit über den Moment hinausgeht.

Schließlich erinnere dich daran, dass Freundlichkeit nicht nur anderen zugutekommt, sondern auch dir selbst. Das Bewusstsein, Gutes zu tun, kann dein eigenes Wohlbefinden steigern und deine Zufriedenheit im Leben erhöhen.

Es schafft eine positive Aura um dich herum, die nicht nur deine Beziehungen verbessert, sondern auch eine Atmosphäre schafft, in der Wachstum und Zusammenarbeit gedeihen können.

In einer Welt, die oft von Hektik und Stress geprägt ist, sei du das Gegenmittel – sei freundlich. Deine Worte und Taten können eine Spur der Freundlichkeit hinterlassen, die die Herzen anderer erwärmt und die Welt zu einem besseren Ort macht. Du hast die Macht, die Macht der Freundlichkeit. Nutze sie weise und großzügig.

Als Träger der Freundlichkeit bist du ein Architekt des positiven Wandels. Deine Handlungen formen die Welt um dich herum und gestalten Beziehungen, die auf Verständnis und Mitgefühl basieren. Die kleinen Akte der Freundlichkeit, die du im Alltag streust, können zu einem lebendigen Mosaik werden, das die Gesellschaft in ein freundlicheres und unterstützenderes Netzwerk verwandelt.

Sei aufmerksam für die Bedürfnisse anderer, auch wenn sie unausgesprochen bleiben. Oft sind es die kleinen Gesten der Aufmerksamkeit, die den größten Einfluss haben. Ein aufmunterndes Wort in einer stressigen Situation, ein Augenblick des Zuhörens für jemanden, der sich vernachlässigt fühlt, oder die Bereitschaft, bei der Lösung von Problemen zu helfen – all dies sind Bausteine einer freundlichen Welt.

Die Freundlichkeit, die du zeigst, kann Wellen der Inspiration auslösen. Menschen könnten sich von deinem Beispiel leiten lassen und ihrerseits freundlicher werden. So wird die Macht der Freundlichkeit von einer Einzelaktion zu einem kollektiven Bekenntnis, das die Herzen vieler berührt.

Denke daran, dass Freundlichkeit nicht nur in den sonnigen Zeiten wichtig ist, sondern auch in den stürmischen.

Wenn du dich in einem Moment der Herausforderung befindest, erinnere dich daran, wie Freundlichkeit dein Leben bereichert hat. Nutze diese Erinnerung als Ankerpunkt, um inmitten der Schwierigkeiten positiv zu bleiben und Freundlichkeit zu verbreiten.

Du bist ein Botschafter der Freundlichkeit, und dein Einfluss erstreckt sich weit über die direkten Beziehungen hinaus. In einer Welt, die manchmal von Eile und Kälte geprägt ist, bist du das Bindeglied, das Wärme und Verbindung schafft.

Also, wenn du das nächste Mal vor der Wahl stehst, sei freundlich. Deine Handlungen mögen wie Tropfen in einem Ozean erscheinen, aber sie haben das Potenzial, Wellen der Freundlichkeit zu erzeugen, die weit über den Horizont reichen. Du bist
mehr als nur ein Individuum – du bist ein Gestalter des mensch-
lichen Miteinanders. Nutze deine Macht mit Bedacht und lass
die Welt durch deine Freundlichkeit erstrahlen.

TALENTE

In diesem Kapitel geht es um dich und die einzigartigen Fähigkeiten, die in dir schlummern. Talente sind wie verborgene Schätze, die darauf warten, von dir entdeckt zu werden.

Du bist vielleicht noch nicht sicher, was deine Talente sind, aber keine Sorge – wir werden in diesem Kapitel gemeinsam auf Entdeckungsreise gehen.

Zuerst einmal solltest du dir einige Fragen stellen. Was begeistert dich? Dies ist der erste Schritt, um deine Talente zu erkennen.

Um herauszufinden, was dir wirklich liegt, ist es wichtig, verschiedene Dinge auszuprobieren. Egal, ob es sich um Sportarten, Hobbys, Kunst oder Musik handelt – probiere Neues aus und sieh, was dir am meisten Spaß macht. Du wirst überrascht sein, wie viele verborgene Talente du hast.

Frag doch mal deine Freunde und Familie nach ihrer Meinung. Manchmal sehen andere Menschen Talente in uns, die wir selbst nicht bemerken. Lass dir ehrliches Feedback geben, und sei offen dafür, es anzunehmen.

Unsere Talente gehen oft Hand in Hand mit Leidenschaft. Wenn du etwas wirklich liebst, wirst du automatisch besser darin. Deine Leidenschaft kann dir den Weg zu deinen Talenten zeigen. Folge deinem Herzen.

Talente entfalten sich oft erst nach jahrelanger Übung. Sei also geduldig mit dir selbst und gib nicht sofort auf. Wenn du wirklich etwas erreichen möchtest, wirst du es schaffen, auch wenn es Zeit und Mühe kostet.

Sobald du deine Talente entdeckt hast, hört die Reise nicht auf. Du kannst sie weiterentwickeln und perfektionieren. Suche nach Möglichkeiten zur Weiterbildung und zur Zusammenarbeit mit anderen, die ähnliche Interessen haben.

Und denk daran, dass deine Talente nicht nur für dich allein sind. Teile sie mit anderen Menschen. Sei inspirierend für andere und ermutige sie, ihre eigenen Talente zu entdecken. Die Welt wird ein besserer Ort, wenn jeder sein volles Potenzial ausschöpft.

Kennst du eigentlich den Unterschied zwischen Talenten und Fähigkeiten? Ich versuche es so zu erklären: Talent hast du von Natur aus, die Fähigkeit wird erst durch das Wiederholen des Erlernten entwickelt.

Ich selbst habe mich bis heute nie wirklich als besonders talentiert angesehen. Der Bereich, in dem ich mich auszeichne, ist für viele lächerlich und widerlich: Arbeitsmoral.

Weißt du, während die anderen schlafen, arbeite ich, während andere essen, arbeite ich. Während andere feiern, arbeite ich. Und nicht nur mental, sondern auch körperlich.

Das einzig deutlich Andere, das ich an mir sehe, ist – ich habe keine Angst, über die Schmerzgrenze zu gehen. Ich weiß, das klingt verrückt, doch so ist es.

Du hast vielleicht mehr Talent als ich, du bist vielleicht schlauer als ich, du bist vielleicht sexyer als ich, vielleicht hast du all diese Dinge. Aber wenn wir ein Laufduell gegeneinander machen, gibt es nur eine Möglichkeit.

Ich gewinne! So einfach ist das.

Wenn ich im Fitnessstudio eintreffe, habe ich einzig und allein ein Ziel. Ich arbeite härter, disziplinierter und fokussierter als alle anderen, die in diesem Moment auch im Raum sind.

Jetzt denkst du dir vielleicht, dass das nicht geht, weil es ja durchaus auch Bodybuilder gibt, die ebenfalls Vollgas geben, oder ein Typ auf dem Laufband gerade die 10 Kilometer gelaufen ist. Das heißt für mich nicht, dass ich die gleichen Gewichte oder die gleiche Strecke laufen muss – nein.

Es heißt für mich, dass ich in der Zeit, in der diese Personen anwesend sind, mit kurzen Pausen und mit mehr Wiederholungen meinen Körper an die Grenze bringe.

Genau da liegt nämlich der Unterschied. Die meisten Menschen gehen nicht an ihre Leistungsgrenze, geschweige denn darüber hinaus. Doch in dieser einen Stunde beim Training bringe ich mich in den Fokus und trainiere härter als alle anderen um mich herum. Es gibt mir ein gutes Gefühl, besser gewesen zu sein als andere in diesem Raum.

Natürlich kann ich nicht beurteilen, ob die anderen Personen auch an die Leistungsgrenze gehen oder nicht, aber ich rede mir ein, dass es nicht so ist. Meine Gedanken sind so programmiert, dass ich am Ende des Trainings mit einem tollenGefühl nach Hause gehe. Merkst du was? Im Endeffekt ist es für mich sogar egal, was die anderen machen.

Ich bringe meinen Kopf bewusst in eine Situation, die mich wachsen lässt. Das habe ich von den ganz großen Sportlern wie Michael Jordan oder Kobe Bryant gelernt.

Deine Aufgabe? Werde zu der Person, die am härtesten arbeitet. Punkt.

Ich habe für mich sehr früh gemerkt, dass es keinen einfachen Weg gibt, egal wie talentiert du bist.

Dein Talent wird dich im Stich lassen, wenn du nicht gebildet bist, wenn du nicht ständig lernst und trainierst.

Wenn du nicht wirklich hart arbeitest, dich nicht engagierst und nicht versuchst, jeden Tag besser zu werden, wirst du nie das Leben führen, das du dir wünschst.

„Hard work beats talent,
if talent doesn't work hard"

Tim Notke

Ich weiß, was es bedeutet, hart zu arbeiten, und ich weiß auch, welche Belohnung die harte Arbeit mit sich bringt.

Diese Belohnungen sind Erinnerungen an die harte Arbeit und die Hingabe für diese eine Sache, in die ich all meine Energie gesteckt habe, und alles, was ich dafür getan habe.

Ich bin der Überzeugung, dass auch in dir Talente schlummern, die von ihren Ketten losgelöst werden wollen.

Denk daran, dass Talente in jedem stecken, auch in dir.

Du musst nur den Mut haben, sie zu finden und zu entwickeln. Sei offen für neue Erfahrungen, sei geduldig mit dir selbst und vor allem: Glaube an dich und deine Fähigkeiten. Du bist einzigartig, und deine Talente machen dich besonders.

Also geh hinaus und entdecke, was in dir steckt – die Welt wartet darauf, von deinen Talenten bereichert zu werden.

FUNDAMENT

Ein solides Fundament ist der beste Weg zum Erfolg. Hast Du schon mal ein Baugrundstück gesehen und dich gefragt, wie lange man denn an so einer Bodenplatte arbeiten kann?

Wenn ich meine Joggingschuhe anziehe und durch die Neubaugebiete laufe, denke ich jede Woche aufs Neue – arbeiten die hier gar nicht? Doch – sie bauen das Fundament, auf dem dann später ein Hochhaus oder Ähnliches stehen soll. Wochenlang passiert gefühlt gar nichts. Man sieht keine Menschenseele und dann plötzlich, von jetzt auf gleich steht die Außenfassade und das Hochhaus ist bewohnt. Wie aus dem Nichts!

Ich vergleiche das mit uns. Wir müssen erst mal unser eigenes Fundament bauen, bevor wir in die Höhe schießen.

Baue Schritt für Schritt dein eigenes Hochhaus. Setz dir eine Reihe kleiner Ziele, die dich dazu bringen, dein großes Ziel zu erreichen. Arbeite immer weiter, auch wenn du an manchen Tagen das Gefühl hast, dass sich nichts verändert hat, bau weiter! Du kannst alles erreichen, wenn du geduldig an dir selbst arbeitest.

Lass uns einen Schritt zurückgehen. Vielleicht hilft dir das Beispiel des Hauses. Warst du schon mal bei Freunden in der Wohnung/dem Haus, auf das sie unfassbar stolz waren, und du dachtest dir, „Meins ist es nicht!"?

Bestimmt! Denn Geschmack, finanzielle Möglichkeiten oder die Lebensvorstellungen sind nicht bei jedem gleich. Wieder andere möchten überhaupt kein Haus bauen, sondern lieber zur Miete wohnen oder ein bereits vorhandenes Haus renovieren.

Mir ging es vor vielen Jahren bei der Bank so, als ich mir überlegen sollte, wofür mein Bausparvertrag ausgerichtet sein soll. Ich saß da und sagte plump: *„Das weiß ich doch jetzt noch nicht!"*

Worauf ich hinaus will? Dein Fundament ist deins. Wenn du anfängst, dein Fundament so auszurichten wie andere, wenn du am selben Ort beginnst zu bauen oder zur selben Zeit, dann ist das gar nicht deins. Dann rennst du einer Vorstellung hinterher, die unter Umständen gar nicht wirklich dem entspricht, was du willst.

Du hast dich von deiner Umgebung, der Gesellschaft oder sogar der Kultur, in der du aufgewachsen bist, beeinflussen lassen.

Atme einmal tief ein und aus. That's life. That's ok.

Wichtig ist, dass du tust, was für dich, deine Familie und Liebsten das Richtige ist. Also stelle sicher, dass es dein Fundament ist, an dem Ort, der sich für dich wie Zuhause anfühlt, zu der Zeit, die in dein Leben passt.

Du kannst alles tun, was du willst. Entscheide dich, diese Vision in deinem Kopf zu etwas Besonderem zu machen. Verbessere dich jeden Tag ein kleines bisschen mehr und schon bald werden sehr positive Ergebnisse für dich selbst und auch für andere zu sehen sein.

Überwinde deine Angst und gehe raus, um etwas Wertvolles für alle zu schaffen.

Vertraue dem Prozess und übe dich in Geduld. Alles passiert zu seiner Zeit.

Der Aufbau deiner Persönlichkeit ist ein lebenslanger Prozess. Indem du kontinuierlich an diesem Fundament arbeitest, wirst du ein stabiles und inspirierendes Lebenshaus schaffen, das den Stürmen des Lebens standhält und dir erlaubt, in deiner vollen Größe zu erstrahlen.

Das Fundament deiner Persönlichkeit beginnt mit der ehrlichen Selbstreflexion. Nimm dir Zeit, um deine Stärken und Schwächen zu verstehen, deine Werte zu klären und deine Lebensziele zu definieren. Diese Selbstkenntnis wird das Gerüst für den Bau deiner Persönlichkeit darstellen.

Dein Fundament ist nicht nur für dich selbst, sondern auch für die Gemeinschaft, in der du lebst, wichtig. Baue Mitmenschlichkeit in die Struktur deiner Persönlichkeit ein. Indem du anderen mit Empathie und Respekt begegnest, schaffst du eine positive Umgebung, die auch dein eigenes Wachstum fördert.

Ein starkes Fundament beinhaltet auch die Fähigkeit, deine eigenen Emotionen zu verstehen und mit den Emotionen anderer einfühlsam umzugehen. Entwickle deine emotionale Intelligenz, um in unterschiedlichen sozialen Situationen angemessen zu reagieren und gesunde Beziehungen aufzubauen.

Wie jedes Gebäude braucht auch deine Persönlichkeit eine Schutzschicht. Entwickle Resilienz, um mit den Herausforderungen des Lebens umzugehen. Sieh Rückschläge nicht als Scheitern, sondern als Gelegenheit, dein Fundament zu überprüfen und zu verstärken.

Baue die äußere Struktur deiner Persönlichkeit auf der Grundlage deiner wahren Werte und Überzeugungen. Authentizität schafft Vertrauen und ermöglicht es anderen, dich in deiner Einzigartigkeit zu schätzen.

Ein festes Fundament ist nicht starr, sondern anpassungsfähig. Sei bereit zu lernen und dich weiterzuentwickeln. Jede Erfahrung, sei es Erfolg oder Misserfolg, kann als Baustein dienen, der die Festigkeit deines Fundaments stärkt. Akzeptiere Veränderungen als natürlichen Teil deiner persönlichen Entwicklung.

ZEIT

Eine Kunst ist es, die Zeit zu schätzen und Pünktlichkeit zu leben. In unserem hektischen Leben, in dem du oft das Gefühl hast, dass die Zeit dir davonrennt, ist es an der Zeit, einen Moment innezuhalten und über die Bedeutung der Zeit nachzudenken.

Deine Zeit ist eine der kostbarsten Ressourcen, die du besitzt, und wie du damit umgehst, kann den Unterschied zwischen einem erfüllten Leben und dem ständigen Gefühl, der Uhr hinterherzurennen, ausmachen. Dieses Kapitel lädt dich ein, Zeit zu schätzen und die Macht der Pünktlichkeit zu erkunden.

Die Wertschätzung von Zeit

Beginnen wir damit, deine eigene Zeit zu schätzen. Denke darüber nach, wie du deine Zeit verbringst, und reflektiere über Momente, in denen du Zeit verschwendet hast. War es der endlose Nachrichtenstrom auf deinem Smartphone? Oder die ständige Verschiebung wichtiger Projekte?

Die Zeit, die du für sinnlose Aktivitäten verschwendest, könntest du nutzen, um deine Leidenschaften zu verfolgen, deine Beziehungen zu stärken und bedeutsame Momente zu schaffen.

Pünktlichkeit als Zeichen des Respekts

Pünktlichkeit ist mehr als nur die Einhaltung eines Zeitplans; sie ist ein Akt des Respekts und der Höflichkeit gegenüber anderen und dir selbst. Du hast wahrscheinlich bereits Erfahrungen gemacht, in denen du auf jemanden gewartet hast, der scheinbar ziellos durch den Tag driftet und keine Rücksicht auf deine Zeit nimmt.

Dieses Verhalten kann nicht nur frustrierend, sondern auch als respektlos empfunden werden.

Denke darüber nach, wie du dich fühlst, wenn du pünktlich zu einem Treffen kommst, nur um festzustellen, dass die andere Person nicht dasselbe Engagement gezeigt hat.

Diese Erfahrung kann Vertrauen und Respekt untergraben. Respektiere die Zeit anderer Menschen, und du wirst selbst respektiert. Zeige deine Wertschätzung, indem du pünktlich erscheinst, und du wirst den Respekt anderer verdienen.

Deine Zeit auf dieser Erde ist begrenzt, und wie du sie nutzt, sagt viel über deine Prioritäten und dein Engagement aus. Es ist wichtig, die Dringlichkeit der Zeit anzuerkennen und dein Leben bewusst zu gestalten, um deine Ziele und Träume zu erreichen.

Anstatt Zeit zu verschwenden, solltest du versuchen, sie bewusst und effektiv zu nutzen.

Entwickle Strategien, um Ablenkungen zu minimieren und deine Zeit sinnvoll zu investieren.

Erkenne, dass die Zeit, die du für bedeutungslose Aktivitäten aufwendest, dir für die Verfolgung deiner Leidenschaften oder für die Schaffung von bedeutsamen Erinnerungen fehlt.

Um deine kostbarste Ressource – die Zeit – effektiv zu nutzen, solltest du achtsam sein. Das bedeutet, bewusster mit deiner Zeit umzugehen, deine Prioritäten zu klären und deine Tage so zu gestalten, dass sie deine Werte und Ziele widerspiegeln.

Die Kunst der Achtsamkeit in der Zeit hilft dir, dein Leben bewusster und erfüllender zu gestalten.

Indem du deine Zeit bewusst und achtsam nutzt, nicht nur für dich selbst, sondern auch in Bezug auf die Zeit anderer, kannst du eine Welt schaffen, in der Respekt, Wertschätzung und Effektivität im Umgang mit der Zeit gedeihen.

Zeit ist ein Geschenk, das du nicht zurückbekommst, also sorge dafür, dass du sie mit Bedacht verwendest und dein Leben in vollen Zügen genießt. In diesem Sinne, sei achtsam mit deiner Zeit und lebe pünktlich – es wird sich in deinem Leben und deinen Beziehungen auszahlen.

SEI ANDERS

Für mich persönlich war es schon immer eine Herzensangelegenheit, dazu beizutragen, das Leben anderer Menschen besser zu machen. Dies ist für mich der wahre Maßstab für Erfolg, der weit über finanziellen Reichtum, öffentliche Aufmerksamkeit oder Anerkennung hinausgeht.

Es ist eine innere Überzeugung, die mich antreibt, mehr zu tun, mehr zu bewirken und einen positiven Einfluss auf die Welt zu haben, solange ich hier bin.

Ich habe mir selbst die Verantwortung auferlegt, jede Gruppe oder Gemeinschaft, mit der ich in Kontakt komme, zu stärken und zu bereichern. Sei es nun im Fußballteam, im Freundeskreis, in der Familie, in der Partnerschaft, bei den Kindern oder am Arbeitsplatz ist, ich fühle mich dazu berufen, Gutes zu bewirken.

Ich will, dass die Welt durch mein Wirken und das meiner Mitmenschen besser wird.

Mein Lebensmotto lautet:

„Dein Leben wird besser, indem du das Leben
anderer Menschen verbesserst.“

Diese Überzeugung erfüllt mich mit einer tiefen Zufriedenheit und Freude. Es ist ein wunderbares Gefühl zu wissen, dass man am Ende des Tages in den Gedanken anderer Menschen präsent ist und sie sagen: „Er/sie hat meinen Tag besser gemacht."

Es ist bedauerlich, dass manche Bekannte mich aufgrund dieses Verhaltens als naiv oder „zu nett" bezeichnen. Aber vielleicht sollten wir uns fragen, ob nicht vielmehr die Gesellschaft von heute von Egoismus und Narzissmus geprägt ist. In einer Welt, die oft von Selbstsucht dominiert ist, braucht es mehr Menschen, die wie du und ich denken und handeln.

Die Worte eines meiner Mentoren haben mich nachhaltig geprägt: „Verdienen kommt von dienen." Dabei denke ich nicht nur an finanzielles Verdienen, sondern vielmehr an die Idee, dass Respekt und Vertrauen die höchsten Güter sind, die wir in zwischenmenschlichen Beziehungen bewahren sollten.

Indem wir diese Werte in unserem täglichen Verhalten leben, zeigen wir, dass wir es verdienen, sie zu erhalten.

Es ist mein tief verwurzelter Glaube, dass jeder von uns die Macht hat, das Leben anderer Menschen auf positive Weise zu beeinflussen. Es mag im Kleinen beginnen, bei einem freundlichen Wort, einer hilfreichen Geste, oder einem inspirierenden Ratschlag. Aber wenn wir uns kollektiv dazu verpflichten, das Leben anderer zu bereichern, können wir eine Welle des Wandels auslösen, die weit über unser eigenes Leben hinausgeht.

Und so lade ich dich ein, diesen Gedanken zu verinnerlichen und in die Tat umzusetzen. Sei ein Licht in der Dunkelheit, sei großzügig mit deiner Zeit und deinem Wissen, sei eine Quelle der Inspiration und des Trostes.

Denn am Ende wird unser eigenes Leben erst dann wirklich bedeutsam, wenn wir dazu beitragen, das Leben anderer besser zu machen. Davon bin ich überzeugt.

Unsere Welt ist geprägt von vielen Herausforderungen und Schwierigkeiten, und es liegt in unserer Verantwortung, etwas Positives und Bedeutendes beizutragen. Der Erfolg offenbart sich oft dann, wenn wir die Fähigkeit besitzen, das Leben anderer auf positive Weise zu beeinflussen.

Es mag damit beginnen, einem Freund in einer schwierigen Phase beizustehen oder einem Fremden eine helfende Hand zu reichen. Es kann in den kleinen Gesten des Alltags liegen, wie einem Lächeln, einem freundlichen Wort oder einem Ohr, das für die Sorgen eines anderen Menschen offen ist. Diese kleinen Akte der Güte können eine enorme Wirkung entfalten.

Der Erfolg liegt meiner Meinung nach darin, eine Wirkung zu erzielen, die über unser eigenes Leben hinausreicht. Wenn wir die Welt auf eine Weise gestalten können, die sie für kommende Generationen besser macht, dann haben wir etwas wirklich Bedeutsames erreicht.

Es mag vielleicht nicht immer einfach sein, und es wird sicherlich Momente geben, in denen du an deine Grenzen stößt. Doch erinnere dich daran, dass es oft die schweren Aufgaben sind, die uns wachsen lassen und unsere Fähigkeit stärken, Gutes zu bewirken.

Und wenn du Zweifel verspürst oder das Gefühl hast, dass deine Bemühungen zu klein sind, um einen Unterschied zu machen, denke daran, dass auch der längste Weg mit einem einzigen Schritt beginnt. Jede gute Tat, egal wie klein sie sein mag, trägt dazu bei, eine Kette positiver Veränderungen in Gang zu setzen.

Sei ein Mensch, der das Leben anderer bereichert. Sei großzügig mit deinem Herzen und deiner Zeit, und du wirst Erfolg kennenlernen. Das Gefühl, das daraus entsteht, wird dich mit einer tiefen Zufriedenheit und einem Sinn erfüllen, der weit über materiellen Reichtum hinausgeht.

Du bist nicht allein in diesem Streben. Gemeinsam können wir eine Welt schaffen, in der Mitgefühl, Freundlichkeit und Großzügigkeit die Norm sind. In dieser Welt wird Erfolg nicht durch persönlichen Gewinn gemessen, sondern durch die Fähigkeit, das Leben anderer besser zu machen.

Lass uns diese Reise gemeinsam antreten und die Welt Schritt für Schritt verbessern. Jeder von uns kann einen Unterschied machen, und wenn wir unsere Kräfte bündeln, wird die Welt für uns alle erstrahlen.

FOKUS

Fokussiertes Arbeiten kann schwierig sein, vor allem wenn du nicht gerade in deinem Homeoffice arbeitest. Und selbst da gibt es oft Probleme. Ich erwische mich selbst immer wieder dabei, Dinge zu tun, die ich eigentlich in dem Moment nicht tun sollte.

Das ist natürlich Gift für meine Produktivität! Allerdings ist fokussiertes Arbeiten auch relativ einfach, wenn man sich an ein paar Tipps hält und die nötige Selbstdisziplin hat, diese umzusetzen.

Ablenkungen lauern an jeder Ecke. Ich habe erkannt, dass es schwierig ist, Erfolg zu haben, wenn ich mehrere Dinge gleichzeitig tue.

Was auch immer du dir vorgenommen hast. Ob es nun die Gründung eines neuen Unternehmens ist. Das Lesen eines Buches oder das Schreiben eines solchen. Plane deine Woche im Voraus, um effektiv und erfolgreich zu arbeiten.

Ob nun in der Schule oder im Berufsleben – mach dir einen Plan. Gemeinsam mit meinem Geschäftspartner habe ich einen solchen Wochenplan entwickelt.

Und mit diesem Plan habe ich dann eine Strategie für mich entwickelt. Nämlich die, dass ich zweimal die Woche jeweils zwei Stunden für die wirklich wichtigen Dinge blockiere. Ich nenne diese Strategie die Halbzeitstrategie.

Die Halbzeitstrategie ist keine neue Idee von mir persönlich, sondern von einem meiner Mentoren. Für diese Taktik habe ich mir einen Timer gekauft. Diesen findest du im Handel für unter 10,00 €. Durch diese vier Stunden pro Woche habe ich wirklich beeindruckende Ergebnisse für mich vollbracht. Ich möchte dir sagen, wie du vorgehen kannst, um wirklich effektiv mit deiner Zeit umzugehen.

Sorge zuerst einmal dafür, dass in dem Raum, und bei dem geplanten Projekt oder Vorhaben, keine Ablenkungen lauern, wie ein laufender Fernseher oder dein Smartphone. Gegebenenfalls kannst du gerne dir ein wenig Musik anmachen, wenn dir das bei der Konzentration hilft.

Du stellst den Timer auf 50 Minuten. In diesen 50 Minuten ist deine Arbeitszimmertür oder Tür im Büro zu. Du bist offline, nicht erreichbar, nicht ansprechbar.

Du hast ausreichend Snacks und Getränke dabei, damit du nicht auf die Idee kommst aufzustehen. Nach 50 Minuten konzentrierter Arbeit, lesen oder was auch immer du tust, erinnert dich der Timer an eine 10-minütige-Pause.

Diese nimmst du auch sofort wahr und machst dabei etwas völlig anderes. Steh auf und geh raus. Verlasse den Raum. Absolviere ein paar Sit-ups oder sonst irgendwas.

Nach exakt 10 Minuten beginnen deine zweiten 50 Minuten, in denen du genauso vorgehst. Wenn der Timer dich erneut aus dem Workflow rausholt, hast du 10 Minuten zum Aufräumen und Notizen-Machen, damit du bei deiner nächsten Halbzeitstrategie nahtlos weiter machen kannst und deine letzten Gedanken nicht verschwunden sind.

Mit dieser Methode habe ich meine Produktivität um ein Vielfaches erhöht und die Ergebnisse waren wahrlich beeindruckend.

Ich war überrascht, wie viel man in vier Stunden konzentrierter Arbeit pro Woche schaffen kann. Wenn du dir mehr Zeiten pro Woche setzen kannst, dann gerne. Ich empfehle dir, mit einer Einheit pro Woche zu beginnen und dann langsam zu steigern.

Wenn es dir so geht wie mir, dann wirst du dich nach den ersten erfolgreichen Halbzeitstrategien auf die nächsten Zeiten freuen und bist fast schon ein wenig traurig und erstaunt zugleich, wie schnell diese Zeit um ist und wie viel du geschafft hast.

Eine weitere Erkenntnis, die ich aus dieser Methode gelernt habe, wird durch ein Zitat noch mal viel deutlicher. Denn das Zitat „energy flows where your focus goes" besagt, dass deine Energie dahingeht, worauf du deinen Fokus richtest.

Aus meiner bisherigen Erfahrung macht es einfach gar keinen Sinn, an mehreren Projekten gleichzeitig zu arbeiten. Und während ich diese Zeilen hier schreibe, merke ich, dass ich dabei selbst noch viel zu lernen habe.

Denn wie schon gesagt, Ablenkungen lauern einfach an jeder Ecke. Ob es nun die Taube auf dem Fensterbrett ist, oder all die Ideen, die dir in den Kopf kommen, während du Musik hörst.

Apropos Musik. Während ich dieses Buch schreibe, höre ich eine ganz spezielle Musik, die mich in den Flow bringt und mich konzentriert arbeiten lässt. Und das nicht nur für dieses Buch, sondern generell bei jeder Aufgabe, die meine volle Aufmerksamkeit benötigt, höre ich eine ganz spezielle Playlist. Diese Playlist erreichst du **mit dem QR-Code**.

Es ist ganz normal, dass du immer mal wieder mit deinen Gedanken abschweifst, und das wird auf jeden Fall passieren. Akzeptiere es und hole dich selbst zurück. Dazu möchte ich dir empfehlen, dir ein Ideenjournal an die Seite zu legen. Genau für diesen Fall schreibst du alle Gedanken oder Ideen kurz auf, um dann sofort wieder den Fokus auf die eigentliche Aufgabe zu richten. Dazu kannst du auch die App „Notizen" in deinem Handy nutzen.

Ein weiterer positiver Nebeneffekt, der durch das fokussierte Arbeiten entsteht, ist, dass die klare Ausrichtung auf eine Aufgabe dazu führen kann, dass dein Stress sich reduziert. Stell es dir vor wie bei deinem Computer. Hast du ganz viele Tabs parallel offen, dann lädt alles langsamer. Hast du nur eins offen, geht es schneller.

DANKBARKEIT

Die Fähigkeit, in jeder Situation dankbar zu sein und jeden Moment für das zu schätzen, was er ist, wird dir Freiheit schenken. Diese Lektion musste ich erst spät lernen, aber ich bin dankbar, dass ich sie gelernt und für mich angenommen habe.

Wir nehmen in einem Land wie Deutschland die Dinge, die wir besitzen, die Dinge, die wir tun können, die Chancen, die sich uns öffnen, oftmals als viel zu selbstverständlich hin. Ich habe erkannt, dass wir uns um Dinge Sorgen machen, die fast schon absurd sind.

Wir sind neidisch auf einen anderen Menschen, weil er ein neues Smartphone besitzt und wir das Modell von 2019 in der Hand halten. Wir beschweren uns über Lebensmittel, über das Wetter und vor allem über andere Menschen.

Anstatt sich die Zeit zu nehmen, nachzudenken und mal aufzulisten, was wir eigentlich alles haben. Ich möchte mich mit niemanden auf der Welt vergleichen, denn jeder hat seine Geschichte, sein Päckchen zu tragen und ist seinen Weg so gegangen, wie er für ihn vorgegeben war.

Zweimal im Jahr drücke ich in meinem Leben auf „Pause". In dieser Pause nutze ich die Zeit und schreibe mir auf, was ich alles besitze, was ich habe und was ich in Zukunft gerne hätte.

Das führt mittlerweile dazu, dass ich täglich meine Dankbarkeit auf Papier bringe und mir bewusst mache, dass nichts und niemand auf dieser Welt selbstverständlich ist.

Ich möchte dir ein paar Beispiele geben, wofür ich täglich dankbar bin. Vielleicht kannst du für dich einiges davon übernehmen, oder die Liste für dich fortführen.

Zum Beispiel bin ich dankbar für:

» Menschen, die für mich oder für andere Arbeiten verrichten
» Meinen Job im Trockenen
» Ohne Hilfe essen und trinken zu können
» Ohne Hilfe sehen und hören zu können
» Ohne Hilfe gehen zu können
» Fließendes und sauberes Wasser
» Ein Leben in einem sicheren Land
» Ausreichend Geld auf dem Konto, um Lebensmittel zu kaufen
» Ein Dach über dem Kopf
» Eine funktionierende Heizung
» Ein Bett, in dem ich schlafen und mich erholen kann

Ich könnte diese Liste unendlich weiterführen. Es sollen aber nur ein paar Anregungen für deine eigene Dankbarkeitsliste sein. Es ist in meinen Augen nicht verwerflich, sich hin und wieder hinzusetzen, durchzuatmen und einfach mal Danke zu sagen.

Aller Anfang ist schwer, das weiß ich. Anfänglich wirst du nur Stichwörter aufschreiben können, und das ist völlig in Ordnung. Bitte gib nicht gleich auf und sei täglich dankbar für die kleinen Dinge im Leben.

Achtung, jetzt wird es vielleicht ein wenig spooky. Aus meiner eigenen Erfahrung schreibe ich diese Zeilen, und ich kann dir versprechen, dass du ab dem Moment, in dem du anfängst, Dankbarkeitsübungen durchzuführen, eine positive Veränderung in deinem täglichen Leben wahrnehmen wirst.

Diese Veränderungen wirken sich dazu auch noch auf deine mentale Gesundheit aus. Diese positive Auswirkung ist mittlerweile durch Studien nachgewiesen, die zeigen, dass das regelmäßige Praktizieren von Dankbarkeit zu einer Verringerung von Symptomen bei Depressionen und Angstzuständen führen kann. Und allein das ist doch schon wert, dass wir uns täglich ein paar Minuten Zeit nehmen, oder nicht?

Denn durch das bewusste Reflektieren und Schätzen von positiven Aspekten im Leben wird das Gehirn stimuliert, Dopamin und Serotonin freizusetzen – Neurotransmitter, die mit Glück und Wohlbefinden in Verbindung stehen. Dankbarkeitsübungen können somit als eine Art natürlicher Stimmungsaufheller dienen.

Ich bin sicher, dass es dir gerade so geht wie mir, als ich vor einigen Jahren zum ersten Mal davon gehört habe. Bestimmt denkst du dir gerade: „Alter, Christoph, an welcher illegalen Pflanze hast du denn geschnuppert?"

Ich kann dich an dieser Stelle beruhigen, ich bin clean.

Neurotransmitter sind biochemische Botenstoffe. Sie befinden sich in der Verbindungsstelle zwischen den Nervenzellen, also den Synapsen. Dort sind sie für die Signalübertragung zuständig. Das bedeutet, dass sie Informationen von einer Nervenzelle zur nächsten übertragen.

Und weißt du, was das Schöne ist: Dankbarkeitsübungen beeinflussen nicht nur unsere mentale Gesundheit, sondern sind auch für unser emotionales Wohlbefinden zuständig. Denn in dem wir uns auf das konzentrieren, wofür wir dankbar sind, verschieben wir unsere Aufmerksamkeit von negativen Aspekten hin zu den positiven Momenten in unserem Leben. Dieser Perspektivenwechsel trägt dazu bei, dass wir unsere positiven Emotionen verstärken und dadurch ein tieferes Gefühl des Glücks und der Zufriedenheit entwickeln.

Menschen, die regelmäßig Dankbarkeitsübungen praktizieren, neigen dazu, resistenter gegenüber Stress und negativen Ereignissen zu sein.

Und wenn wir schon beim Thema Stress sind, möchte ich nur kurz anführen, dass Dankbarkeitsübungen auch ein wirksames Mittel zum Stressabbau sind. Denn in stressigen Situationen fokussiert zu bleiben und positive Dinge zu erkennen, kann den Stresslevel erheblich reduzieren.

Du merkst also, die psychologischen Vorteile von Dankbarkeit sind so vielschichtig. Sie beeinflussen unser mentales, emotionales Wohlbefinden und haben Auswirkungen auf unseren Umgang mit stressigen Situationen. Durch die bewusste Entscheidung, Dankbarkeitsübungen in unseren Alltag einzubauen, können wir nicht nur eine positive Veränderung in unserer Welt bewirken, sondern auch einen nachhaltigen Einfluss auf unsere Lebensqualität ausüben.

Es ist absolut kein einfacher Schritt, sich hinzusetzen, mit sich allein zu sein und sich in Dankbarkeit zu üben.

Es ist ein kraftvoller und mutiger Schritt. Ich verspreche dir, wenn du den Mut aufbringst, deine Komfortzone zu verlassen und ab jetzt anfängst, für dich die richtigen Übungen zum Thema Dankbarkeit herauszufinden, dann wirst du ein gesünderes Leben mit dir selbst führen.

ANGST

Ich möchte das Kapitel mit einem Zitat von Will Smith beginnen, der da sagt:

„Angst ist nicht real.
Der einzige Ort, an dem Angst existieren kann,
ist in unserer Vorstellung von der Zukunft. Sie ist ein
Produkt unserer eigenen Fantasie und lässt uns Dinge
fürchten, die in der Gegenwart nicht existieren und
vielleicht niemals existieren werden. Sie grenzt an
Wahnsinn ... die Gefahr ist sehr wohl real,
aber Angst ist eine Entscheidung.“

Wer sich Sorgen macht und Angst hat, zahlt den schlimmsten Zinseszins der Welt. Öffne deinen Geist mehr für das, was richtig laufen kann, anstatt dich auf das zu konzentrieren, was schiefgehen kann.

Du hast mehr Kontrolle über dein Leben, als du denkst. Konzentrier dich deshalb auf das Kontrollierbare.

Ich kenne viele Menschen, die ihre Zeit damit verbringen, die Dinge außerhalb ihrer Kontrolle ändern zu wollen. Denk daran, wenn du es nicht ändern kannst, dann kann es dich auch nicht kontrollieren.

Richte deine Aufmerksamkeit und deine Ziele auf kontrollierbare Situationen.

Jeder kennt das Gefühl der Angst.

Hattest du schon mal vor etwas so richtig Angst?

Vor einer Prüfung, vor einem Vortrag, vor Arbeitslosigkeit? Wir bewerten Situationen als gefährlich und bedrohlich, dabei sind diese Situationen meistens halb so wild.

Angst ist nicht real. Angst entsteht in unseren Gedanken. Wir malen uns aus, was alles passieren kann und niemals eintreffen wird. Auf die Überwindung von Angst folgt Glück. Gefahr ist real – Angst nicht.

Ohne Fallschirm aus einem Flugzeug zu springen und zu hoffen, dass dich jemand auffängt, das ist Gefahr. In der Wildnis Auge in Auge vor einem Löwen zu stehen – das ist Gefahr. Aber Angst?

Angst ist eine Illusion unserer Gedanken.

Wusstest du, dass es nur drei Ur-Ängste gibt und der Rest selbst kreiert ist? Verrückt, wie schlecht wir manchmal zu uns selbst sind.

Angst lähmt uns. Angst ist die Vorstellung dessen, wie es nicht kommen soll. Je häufiger wir uns diese Vorstellung ausmalen, desto stärker und lähmender wird die Angst. Um die Angst zu umgehen, können wir sie mit anderen Dingen überstrahlen.

Zum Beispiel mit Dankbarkeit. Wenn uns die Angst überkommt, dann sei dankbar für fünf Dinge in deinem Leben und schon verschwindet die Angst. Dankbarkeit ist stärker als Angst. In dem Moment, in dem du dich auf die schönen Dinge im Leben fokussierst, werden dir diese Dinge bewusster und dein Leben wird bereichert.

Wenn ich mir natürlich immer das schlimmste Szenario ausmale, dann wirkt das dauerhaft wie Gift auf meine Gedanken.

Wenn ich mir immer Gedanken mache, warum mein Partner zu spät von der Arbeit nach Hause kommt und darüber nachdenke, dass er bestimmt eine Affäre hat, dann wirkt sich das nicht nur negativ auf meine Gedanken aus, sondern auch auf meine Art und Weise, wie ich ihm beim Nachhausekommen gegenübertrete und mit ihm kommuniziere.

Du kannst deine Gedanken kontrollieren.

> *„Kein Gedanke hat irgendeine Macht über mich,*
> *nur die, die ich ihnen in meinen Gedanken gebe."*
>
> **Tony Robbins**

Hab keine Angst vor einem wunderbaren Leben. Die meisten Dinge, die wir uns vorstellen werden niemals eintreffen.

LEIDENSCHAFT

Das Leben ist viel zu kurz, um sich mit weniger zufrieden zu geben als mit dem Besten. Wenn dich etwas nicht mit Freude erfüllt, dann zieh weiter.

Wenn du mit Bauchschmerzen zur Arbeit gehst, wenn du immer wieder in Situationen kommst, in denen du dich nicht wohlfühlst, dann kündige deinen Job. Behebe dein Problem, bevor es jemand anderes für dich löst.

Meine Empfehlung an dich: Behalte immer die Kontrolle über die Entscheidungen in deinem Leben.

Sieh zu, dass du immer selbst entscheidest, wann du etwas nicht mehr machen möchtest, bevor andere auf die Idee kommen und dir sagen, dass du nicht mehr gut genug bist.

Finde deine Leidenschaft, verfolge sie täglich und hör nie auf, an deinen Träumen und Zielen zu arbeiten. Der Tag, an dem du nicht mehr arbeitest, ist der Tag, an dem du deine Leidenschaft gefunden hast.

Ich bin der Überzeugung, dass in jedem Menschen auf diesem Planeten etwas Einmaliges steckt. Oftmals finden nicht alle Menschen diese Leidenschaft.

Sie bleiben gefangen in ihren Mauern und ergeben sich ihrem Schicksal, weil es ihnen so vorgelebt wurde.

Tu das, wofür du leidenschaftlich brennst. Geh Risiken ein und habe keine Angst zu versagen. Und habe keine Angst davor, über den Tellerrand zu blicken.

Verwechsle dabei nicht Bewegung mit Fortschritt. Du kannst die ganze Zeit auf einer Stelle rennen, ohne dabei weiterzukommen. Bleib in Bewegung, setz dir Ziele und verfolge sie, so wirst du wachsen und weiterkommen.

Es ist egal, wie viel Geld du verdienst, verdient hast, oder noch verdienen wirst. Du kannst es nicht mit ins Grab nehmen. Die Ägypter haben es versucht und sie wurden ausgeraubt. Du kannst dein Geld nicht mitnehmen.

Es ist nicht entscheidend, wie viel du hast, sondern was du mit dem machst, was du hast.

Weißt du, was das Egoistischste ist, was du auf dieser Welt tun kannst? Anderen zu helfen! Doch warum ist das egoistisch?

In dem Moment, wo du anderen hilfst, schafft diese Tat Befriedigung und ein gutes Gefühl. Das Gefühl ist besser als Millionen auf dem Konto, besser als ein schickes Auto oder ein großes Haus.

Es bedeutet Freude, einem anderen zu helfen. Das ist aus meiner Sicht der Schlüssel zu einem erfolgreichen Leben.

Wenn du aufgestiegen bist, blicke nicht zurück und verurteile Menschen, sondern strecke deine Hand aus und hilf einer anderen Person nach oben.

Sei ein Lehrer und bleibe Schüler und strebe nicht nur danach, deinen Lebensunterhalt zu verdienen. Strebe danach, in dieser Welt etwas zu bewegen.

MEINUNGEN

In meiner Schulzeit galt ich als arrogant. Heute beneiden mich die Menschen für meine Einstellung. Ich kann dir nicht einmal sagen, warum ich damals schon so gehandelt und gedacht habe wie heute, aber es hat mir eine Menge Zeit und Stress erspart.

Was ich meine?

Auf Meinungen anderer Menschen zu hören oder diese als zu wichtig anzusehen. Zugehört habe ich den Menschen, die bereits das erreicht hatten, wonach ich strebte. Aber Tipps und Meinungen von Menschen, die ihr Wissen nur aus dem TV-Programm oder der Zeitung haben, habe ich ignoriert. Mir war es schon immer egal, was andere über mich sagten und dachten. Sie haben ihre Welt und nicht meine.

„Menschen, die immer daran denken, was andere von ihnen halten, wären sehr überrascht, wenn sie wüssten, wie wenig die anderen über sie nachdenken"

Unbekannt

Versteh mich nicht falsch. Die Meinung deiner Liebsten solltest du dir schon anhören und Empfehlungen von deinen Vorbildern annehmen. Aber nicht von Menschen, die nicht deinen Weg gehen wollen oder gegangen sind.

Du wirst auf viele Meinungen stoßen – laute, leise, positive und negative. In deiner Reise zu deinen Zielen wird es entscheidend sein zu lernen, wem du Gehör schenkst und wessen Meinung du links liegen lässt.

Es wird Momente geben, in denen du von allen Seiten Ratschläge und Meinungen hörst. Freunde, Familie, Kollegen – jeder hat seine eigene Perspektive, geprägt von seinen eigenen Erfahrungen. Doch erinnere dich: Nicht jede Meinung verdient es, in deinem Kopf zu bleiben.

Insbesondere negative Meinungen können wie ein schwerer Stein auf deinem Weg liegen. Menschen, die selbst nicht das erreicht haben, was du anstrebst, könnten ihre Unsicherheiten auf dich projizieren. Erkenne, dass ihre Meinungen mehr über ihre eigenen Ängste als über deine Chancen aussagen.

Sei wählerisch in dem, was du hörst. Konzentriere dich auf die Meinungen derer, die bereits das erreicht haben, was du anstrebst. Ihre Erfahrungen und Ratschläge können dich inspirieren und deinen Weg erhellen.

Es wird Menschen geben, die aus Unsicherheit oder Unwissenheit negativ sprechen. Lass dich nicht von ihren Pessimismen beeinflussen. Warum solltest du auf jemanden hören, der nicht das erreicht hat, was du anstrebst? Dein Weg ist einzigartig und sollte nicht von den Begrenzungen anderer definiert werden.

Suche nach den Stimmen derer, die erfolgreich sind und die Bereiche erkundet haben, die auch dich interessieren. Mentoren und Inspiratoren können dir mit ihrem Wissen und ihrer Motivation enorm helfen. Ihre Meinungen sind wertvoll, weil sie aus echter Erfahrung stammen und dich auf deinem Weg unterstützen können.

Mitten im Lärm der Meinungen von außen vergiss nicht, auf deine eigene innere Stimme zu hören. Deine Intuition ist ein kraftvolles Werkzeug, das oft die besten Ratschläge gibt. Nimm dir Zeit, in dich hineinzuhorchen und zu spüren, was wirklich für dich richtig ist.

Wage es auch mal, anders zu sein.

Diejenigen, die Außergewöhnliches erreichen, brechen oft mit konventionellen Meinungen. Sei mutig und wage, anders zu denken. Hör auf deine Träume und Visionen, selbst wenn sie nicht dem Mainstream entsprechen. Die Meinungen, die deiner Einzigartigkeit entspringen, sind oft diejenigen, die am meisten zählen.

Es ist wichtig, offen für Ratschläge und Lernen zu sein, aber behalte gleichzeitig im Hinterkopf, dass nicht jeder deinen Weg versteht. Menschen können nur aus ihrer eigenen Perspektive sprechen, die nicht immer deckungsgleich mit deiner Realität ist. Vertraue darauf, dass du die richtigen Entscheidungen für dich treffen kannst.

Abschließend erinnere dich daran, dass deine Reise einzigartig ist und deine eigenen Regeln hat. Höre auf die Meinungen derer, die positive Energie in deine Welt bringen. Vertraue deinem Instinkt und sei bereit, deinen eigenen Weg zu gehen, selbst wenn er nicht dem traditionellen Muster entspricht.

Du hast die Macht, deine eigene Geschichte zu schreiben. Lass dich nicht von den Meinungen anderer entmutigen. Höre auf die Richtigen, nämlich auf dich selbst, und schreite mit Entschlossenheit in Richtung deiner Träume.

„Habe keine Angst davor, Menschen zu verlieren.
Habe Angst davor, dich selbst zu verlieren, indem du
versuchst, allen um dich herum zu gefallen.“

Unbekannt

PERFEKTION

Perfektion- ein Begriff, den wir oft als erstrebenswert empfinden. Du und ich streben danach, perfekte Momente zu erleben, perfekte Entscheidungen zu treffen und ein perfektes Leben zu führen.

Doch die Frage, die sich stellt, ist: Was ist Perfektion wirklich,
und warum verleitet uns die Sehnsucht danach dazu, auf den
perfekten Moment zu warten?

Perfektion ist eine Illusion. Sie ist wie ein schillernder Regen-
bogen, den wir vergeblich verfolgen, immer in der Hoffnung,
am Ende den Topf mit Gold zu finden.

Das Streben nach Perfektion kann lähmend sein, uns davon
abhalten, mutige Schritte zu unternehmen und Chancen zu er-
greifen. Warum? Weil wir oft darauf warten, dass alles perfekt
ist, bevor wir handeln.

Der perfekte Moment, so glauben wir, wird eines Tages kommen – ein Moment, in dem alle Sterne in der richtigen Kons-
tellation stehen, alle Unsicherheiten beseitigt sind und der Weg
klar vor uns liegt.

Doch die Realität sieht anders aus. Der perfekte Moment kommt
selten oder nie. Das Leben ist dynamisch, voller Unwägbarkei-
ten und Überraschungen. Wer darauf wartet, dass alles perfekt
ist, wird vielleicht sein ganzes Leben lang warten.

Das Warten auf den perfekten Moment kann zu einer lähmenden Paralyse führen. Du zögerst, Entscheidungen zu treffen, Projekte zu starten oder Beziehungen einzugehen, weil du das Gefühl hast, dass die Bedingungen nicht optimal sind.

Diese Prokrastination basiert oft auf der Furcht vor dem Scheitern oder der Angst, dass die Dinge nicht so verlaufen, wie du es dir vorgestellt hast.

Es ist wichtig zu verstehen, dass Perfektion eine unerreichbare Norm ist. Jeder Schritt, den du setzt, wird von Unsicherheiten begleitet sein, von Unvollkommenheiten geprägt sein. Das ist völlig normal und menschlich. In der Unvollkommenheit liegt die Schönheit des Lebens, die Möglichkeit zu wachsen und zu lernen.

Der perfekte Moment existiert nicht. Er ist eine Fiktion, die uns davon abhält, das Leben in seiner Fülle zu erleben. Die Entscheidung, zu handeln, Chancen zu nutzen und Risiken einzugehen, liegt in unserer Verantwortung. Anstatt auf den perfekten Moment zu warten, sollten wir den Moment perfekt machen, indem wir uns aktiv in das Geschehen einbringen.

In der Unvollkommenheit liegt die wahre Schönheit des Lebens. Wenn du akzeptierst, dass nicht alles perfekt sein kann, befreist du dich von der Last unrealistischer Erwartungen. Du öffnest dich für die Chancen, die das Leben dir bietet, und erkennst, dass jeder Moment, so unvollkommen er auch sein mag, eine Gelegenheit zur Entfaltung und zum Wachstum darstellt.

Das Leben ist kein Stillstand, sondern ein Fluss, der ständig in Bewegung ist. Wenn du darauf wartest, dass alles perfekt ist, wirst du nur am Ufer stehen und das Strömen des Lebens verpassen. Der einzige perfekte Moment ist der, den du aktiv gestaltest und mit offenem Herzen erlebst.

Es braucht Mut, die Vorstellung von Perfektion loszulassen. Doch in diesem Loslassen liegt eine befreiende Erkenntnis: Perfektion ist nicht der Schlüssel zum Glück, zur Erfüllung oder zum Erfolg. Im Gegenteil, sie kann uns in einem Zustand der Unbeweglichkeit gefangen halten.

Du darfst dir erlauben, unvollkommen zu sein. Du darfst dir erlauben, Fehler zu machen und aus ihnen zu lernen. Jeder Schritt, den du setzt, auch wenn er nicht perfekt ist, führt dich voran. Es ist nicht wichtig, wie fehlerfrei du handelst, sondern dass du überhaupt handelst.

Die Vorstellung, dass der perfekte Moment irgendwann vor dir liegt, verleitet dich dazu, die Gegenwart zu vernachlässigen. Dabei ist jeder Moment, so wie er ist, bereits perfekt. Die Kunst besteht darin, den Moment bewusst zu gestalten, anstatt darauf zu warten, dass er dir geschenkt wird.

Du kannst Entscheidungen treffen, dich Herausforderungen stellen und dein Leben aktiv formen. Es mag Unsicherheiten geben, aber sie sind Teil des Abenteuers. Du darfst den Fluss des Lebens spüren und dich von ihm tragen lassen, anstatt auf der Suche nach einem utopischen, perfekten Zustand zu verharren.

Das Streben nach Perfektion verführt dich dazu, das Ziel aus den Augen zu verlieren. Du fokussierst dich auf den perfekten Abschluss, den perfekten Moment, anstatt den Wert des Prozesses zu schätzen. Der Weg, den du gehst, ist genauso wichtig wie das, was am Ende auf dich wartet.

Es ist Zeit, die Perspektive zu ändern. Lass uns gemeinsam den Fokus auf den Weg richten, auf die kleinen Schritte, die du jeden Tag unternimmst. Lass uns die Unvollkommenheit akzeptieren und in ihr die Möglichkeit zu persönlichem Wachstum sehen. Der Weg ist das Ziel, und in jedem Schritt liegt die Perfektion des Moments.

Warte also nicht mehr darauf, dass der perfekte Moment kommt. Er ist bereits hier, in diesem Augenblick, während du diese Zeilen liest. Du kannst die Kontrolle übernehmen, bewusst handeln und die Schönheit des Unvollkommenen erkennen.

Es ist an der Zeit, den Mythos der Perfektion zu entzaubern und das Leben in seiner vollen Pracht zu leben. Der perfekte Moment liegt nicht in der Zukunft – er ist jetzt.

„Wer sein Ziel kennt, findet seinen Weg."

Laotse

HERAUSFORDERUNGEN

Das erste Kapitel des Buches handelt davon, wie wir die Lektionen des Lebens begrüßen können. Ebenso bedeutungsvoll ist der Umgang mit den Problemen und Herausforderungen, die uns täglich begegnen. Ich möchte einen Trick mit dir teilen, der mir persönlich sehr geholfen hat, eine positivere Einstellung zu entwickeln: den Wandel der Bedeutung des Wortes „Problem".

Das Wort „Problem" ruft bei den meisten von uns negative Emotionen hervor und erzeugt oft ein ungutes Gefühl. Doch was passiert, wenn wir unser Denken und unsere Perspektive ändern? Ersetze ab heute das Wort „Problem" einfach durch „Herausforderung". Schließlich sind viele Dinge, die wir als Probleme ansehen, in Wirklichkeit Herausforderungen, die bewältigt werden müssen.

Es erinnert mich an das Zitat: „Auch aus Steinen, die einem in den Weg gelegt werden, kann man Schönes bauen." Die Herausforderungen des Lebens sind wie Steine, die uns begegnen. Anstatt sie als Hindernisse zu betrachten, können wir sie als Bausteine für unser persönliches Wachstum und unsere Entwicklung nutzen.

Ein weiterer Lebens-Hack, den ich gerne mit dir teilen möchte, ist die Idee, Menschen zu suchen, die ähnliche Herausforderungen erleben oder bereits gemeistert haben. Dies gilt sowohl für den Berufsalltag als auch für das Privatleben. In der Geschichte der Menschheit gab es bereits viele Herausforderungen, die von klugen Köpfen gelöst und oft in Büchern festgehalten wurden. Im Zeitalter des Internets ist Google ein wertvoller Verbündeter, der uns Zugang zu Wissen und Lösungen für beinahe jedes Problem bietet.

Vor allem lade ich dich ein, deine Einstellung zu Herausforderungen zu überdenken. Sieh jede Herausforderung als eine Art Prüfung des Lebens an. Anstatt ihr mit Angst oder Sorgen zu begegnen, sei dankbar für die Gelegenheit, zu wachsen und dich zu verbessern. Das Leben ist voll von Rätseln, und das ist genau das, was Herausforderungen sind – Rätsel, die darauf warten, gelöst zu werden.

Mein eigener Perspektivenwechsel bestand darin, jedes vermeintliche „Problem" als ein Rätsel zu betrachten. Beim Lösen dieser Rätsel fand ich wertvolle Erkenntnisse, erlebte persönliches Wachstum und fand tiefe Zufriedenheit. Diese Veränderung in meiner Herangehensweise an Herausforderungen hat mein Leben transformiert.

Jetzt lade ich dich dazu ein, über deine eigenen Erfahrungen nachzudenken. Kannst du dich an ein Problem erinnern, das sich im Laufe der Zeit in ein wertvolles Rätsel verwandelt hat? Wie hat dieser Perspektivenwechsel deine Einstellung und Herangehensweise verändert?

Teile deine Gedanken und Erkenntnisse, denn gemeinsam können wir voneinander lernen und uns gegenseitig inspirieren.

Die Veränderung der Sichtweise auf Probleme und Herausforderungen, indem wir sie als Rätsel betrachten, kann eine tiefgreifende und lebensverändernde Erfahrung sein. Sie ermöglicht uns, auf eine Weise mit Schwierigkeiten umzugehen, die uns nicht nur persönlich wachsen lässt, sondern auch unser Leben mit einer neuen Tiefe und Bedeutung erfüllt.

Stell dir vor, dein Leben ist wie ein Buch, und jedes „Problem" oder jede Herausforderung, die du bewältigst, ist ein Kapitel darin. Diese Kapitel erzählen die Geschichten deiner persönlichen Entwicklung, deiner Stärke und deiner Fähigkeit, Lösungen zu finden.

Jede Herausforderung, die du als ein Rätsel siehst, fordert dich auf, kreativ zu sein, nach Lösungen zu suchen und dich weiterzuentwickeln. Wenn du auf solche Weise an Probleme herangehst, wird jede Schwierigkeit zu einer Gelegenheit des Wachstums. Du beginnst, die Wunder der Transformation zu erleben.

Denk an all die Zeiten zurück, in denen du mit scheinbar unlösbaren Problemen konfrontiert warst. Vielleicht war es eine berufliche Herausforderung, ein zwischenmenschliches Problem oder ein persönlicher Rückschlag. Wenn du zurückblickst, wirst du wahrscheinlich feststellen, dass jedes dieser „Probleme" eine Tür geöffnet hat, die zu neuen Erkenntnissen und Chancen geführt hat.

Es ist auch wichtig zu beachten, dass die Veränderung der Sichtweise auf Probleme nicht bedeutet, dass du nie mehr auf Hindernisse stoßen wirst. Das Leben wird immer seine Herausforderungen haben. Aber deine Reaktion darauf wird sich verändern.

Anstatt Angst oder Frustration zu empfinden, wirst du anfangen, Herausforderungen mit Neugier und Entschlossenheit zu begegnen.

Eine solche Einstellung kann nicht nur deine eigene Lebensqualität verbessern, sondern auch die Art und Weise, wie du mit anderen interagierst. Menschen, die in der Lage sind, Probleme als Rätsel zu betrachten und Lösungen zu finden, werden oft als Quellen der Inspiration und Unterstützung wahrgenommen.

Jetzt lade ich dich ein, diese Perspektive in deinem eigenen Leben anzuwenden. Betrachte die nächsten Herausforderungen, die auf dich zukommen, als Rätsel, die du lösen kannst. Suche nach den verborgenen Lehren und Möglichkeiten in jeder Schwierigkeit, die dir begegnet.

Teile dann deine Erfahrungen und Erkenntnisse mit anderen, um ihnen bei ihrer eigenen Transformation zu helfen.

Die Welt ist voll von Rätseln, und du hast die Fähigkeit, sie zu entschlüsseln und dabei selbst zu wachsen.

Das Leben wird aufregender, erfüllender und lohnenswerter, wenn du es als ein großes Abenteuer betrachtest, bei dem jedes Rätsel eine Gelegenheit zur Weiterentwicklung darstellt. Freu dich auf die nächsten Kapitel deines Lebensbuches, die voll von aufregenden Rätseln und wunderbaren Transformationen sein werden.

„Richte deinen Fokus auf die Lösung
und nicht auf das Problem.“

Mahatma Gandhi

STEHAUFMÄNNCHEN

Ich möchte dieses Kapitel gerne mit einem Zitat aus dem Film Rocky Balboa beginnen:

„Du und ich – und auch sonst keiner – kann so hart zuschlagen wie das Leben! Aber der Punkt ist nicht der, wie hart einer zuschlagen kann ...
Es zählt bloß, wie viele Schläge man einstecken kann und ob man trotzdem weitermacht."

Werde zu einem Stehaufmännchen. Du darfst hinfallen, du darfst auch kurz mal liegen bleiben. Aber wenn du fällst, dann fall so, dass du auf dem Rücken landest. Denn das hat gleich mehrere Vorteile für dich. Zum einen siehst du noch ganz genau, wer oder welche Situation dich auf den Boden geschubst hat, und zum anderen kannst du den Himmel und die Sonne immer noch sehen.

Und wenn du beides noch sehen kannst, dann hast du auch die Möglichkeit wieder aufzustehen. Der Trick ist wirklich einfacher gesagt als getan, aber ich kann aus eigener Erfahrung sprechen.

„Ich weiß, wovon ich rede, wenn ich dir erzähle, dass du einfach immer einmal mehr aufstehen musst, als du hingefallen bist. Wir kennen uns vielleicht nicht persönlich, aber ich möchte dir sagen, warum ich so denke und warum ich so bin, wie ich bin.

„Der größte Ruhm im Leben liegt nicht darin,
nie zu fallen, sondern jedes Mal wieder aufzustehen.“

Nelson Mandela

Mein großer Traum war es einmal, als Fußballprofi in der Bundesliga aufzulaufen und dass mir meine Freunde und meine Familie im Stadion und im TV zujubeln. Meine Karriere ging steil nach oben, und die Chancen standen sehr gut. Der Weg verlief wie geplant, bis zu einer schlimmen Knieverletzung, die mich für 14 Monate aus dem Spiel nahm. Nach einer langen Reha, mit viel Schweiß und Tränen, kämpfe ich mich zurück und ergriff meine Chance erneut. Nur 18 Monate später erlitt ich erneut eine so schlimme Knieverletzung, dass die Ärzte mir rieten, meine Schuhe an den Nagel zu hängen.

Diese Entscheidung war alles andere als leicht für mich, für meine Familie und meine Mitmenschen. Doch gemeinsam mit meiner Familie kämpfte ich mich wieder nach oben und entschied mich, eine neue Richtung einzuschlagen. Wenn ich schon kein Fußballstar werden konnte, dann konnte ich vielleicht anderen dabei helfen, einer zu werden. Und so wurde ich Fußballtrainer.

Das Leben ist nicht immer eben und schön. Es zählt nicht, welche Poker-Karten dir der Dealer auf den Tisch legt. Es zählt, was du mit den Karten auf deiner Hand für ein Spiel spielst.

„Du kannst kurz weinen und an dir zweifeln. Und
wenn du damit fertig bist, dann machst du weiter und
schaffst das, was du wirklich willst.“

Bodo Schäfer

Das Leben hat mir gezeigt, dass der Weg zum Erfolg oft von Rückschlägen und Herausforderungen geprägt ist. Doch in diesen Momenten, in denen wir zu Boden gehen, haben wir die Gelegenheit, uns selbst besser kennenzulernen und unsere wahre Stärke zu entdecken.

Wenn ich auf meine eigene Reise zurückblicke, erkenne ich, dass die Tiefpunkte und die Entscheidung, mich zurück zu kämpfen, mich zu dem gemacht haben, was ich heute bin.

Die Fußballkarriere, die ich mir erträumt hatte, wurde zwar nicht Realität, aber ich fand einen neuen Weg, um meine Leidenschaft für den Sport zu leben. Als Fußballtrainer kann ich nun anderen helfen, ihre Träume zu verwirklichen. Ich erkannte, dass im Leben nicht immer alles nach Plan verläuft, und manchmal müssen wir die Karten, die uns ausgeteilt wurden, akzeptieren und das Beste daraus machen.

Es ist okay, hin und wieder zu weinen, an sich selbst zu zweifeln und auf dem Rücken zu landen. Aber lass dich davon nicht aufhalten. Steh auf, schau in den Himmel, und erinnere dich daran, warum du begonnen hast.

Das Leben mag unvorhersehbare Wendungen nehmen, aber es liegt an dir, wie du auf diese Herausforderungen reagierst. Die wahre Stärke liegt darin, sich immer wieder zu erheben, egal wie oft man fällt.

„Im Leben kommt es nicht darauf an,
ein gutes Blatt in der Hand zu haben, sondern
mit schlechten Karten gut zu spielen."

Robert Louis Stevenson

Und ich möchte dir sagen, dass du das schaffen kannst. Du hast die Kraft, deine Träume zu leben und die Sonne und den Himmel zu sehen, egal welche Hindernisse dir in den Weg gelegt werden. Werde zu einem Stehaufmännchen und mach weiter, denn du kannst das erreichen, was du wirklich willst.

Du fragst dich vielleicht, wie ich diesen Glauben an die Wiederauferstehung und den unerschütterlichen Willen, weiterzumachen, gefunden habe. Nun, es war eine Mischung aus innerer Entschlossenheit und der Unterstützung von Menschen, die an mich glaubten. Es waren meine Freunde, meine Familie und auch meine Trainer, die mir halfen, meine Ziele nicht aus den Augen zu verlieren. Sie erinnerten mich immer daran, dass es im Leben nicht nur darum geht, wie oft man fällt, sondern wie oft man wieder aufsteht.

Während meiner Zeit als angehender Fußballprofi habe ich gelernt, dass Selbstzweifel und Rückschläge unausweichlich sind. Doch diese Momente des Scheiterns sind nicht das Ende der Reise, sondern nur Teil des Weges. Sie sind die Lehrer, die uns wertvolle Lektionen beibringen. Wenn ich auf dem Rasen lag, vor Schmerz verzweifelt, wusste ich, dass ich eine Wahl hatte. Ich konnte aufgeben und den einfachen Weg wählen, oder ich konnte mich entscheiden, weiterzukämpfen, egal wie schwierig es wurde.

Der Weg vom angehenden Fußballprofi zum Trainer war eine transformative Erfahrung. Es war, als würde ich die Perspektive wechseln und die Schönheit des Spiels aus einer neuen Sichtweise entdecken.

Als Trainer konnte ich mein Wissen und meine Erfahrung an die nächste Generation weitergeben. Ich fand Erfüllung darin, jungen Talenten beizubringen, wie man auf dem Feld erfolgreich ist, aber auch, wie man im Leben resilient bleibt.

Ich möchte dir mit auf den Weg geben, dass es in Ordnung ist, von deinem ursprünglichen Weg abzuweichen, wenn das Leben dir einen neuen Pfad zeigt. Manchmal sind es gerade die Abzweigungen, die zu den erstaunlichsten Entdeckungen führen. Ich dachte, mein Lebenssinn läge darin, Tore zu schießen, aber letztendlich entdeckte ich, dass es darum ging, andere dabei zu unterstützen, ihre eigenen Tore zu finden.

Denke daran, dass du in deinem Leben viele Karten ausgeteilt bekommst, aber du allein entscheidest, wie du sie spielst.

Sei ein Stehaufmännchen, sei mutig, und stelle dich den Herausforderungen mit einem offenen Herzen und einem unbeirrbaren Willen. Wenn du dich für das Wiederaufstehen entscheidest, wirst du vielleicht feststellen, dass die schönsten Sonnenuntergänge und der strahlendste Himmel oft nach den dunkelsten Tagen erscheinen.

Ich kenne dich zwar nicht persönlich, aber ich glaube an dich und deine Fähigkeit, immer wieder aufzustehen. Das Leben mag unvorhersehbar sein, aber du kannst die Kontrolle über deine Reaktionen darauf behalten.

Du hast die Kraft, deine Träume zu leben, so wie ich meine Leidenschaft für den Fußball als Trainer gefunden habe. Sei stark, sei beharrlich und erinnere dich daran, dass du immer eine Wahl hast – die Wahl, weiterzumachen und das zu erreichen, was du wirklich willst.

GELD

Weißt du, was die wirklich erfolgreichen Menschen alle gemeinsam haben?

Bevor ich die Zeilen zu Ende schreibe, denkst du dir, ja natürlich weiß ich, was alle erfolgreichen Menschen gemeinsam haben, denn sonst hättest du die Antwort auf diese Frage nicht bereits in die Überschrift dieses Kapitel gestellt. Und trotzdem wiederhole ich es noch mal für dich, die wirklich erfolgreichen Menschen haben alle verstanden, wie Geld funktioniert, und haben jede Menge davon.

Wie kann das sein, dass manche Menschen einfach verstanden haben, wie Geld funktioniert und andere nicht? Die Antwort gebe ich dir anhand meiner Erfahrungen, die ich in den letzten 33 Jahren gesammelt habe.

Erfolgreiche Menschen haben ihre persönliche Einstellung zum Thema Geld grundlegend verändert und haben dadurch mehr Geld in ihr Leben gebracht. Es handelt sich bei Geld um eine Form von Energie. Je mehr Energie wir in Wirklichkeit ins Leben legen, umso mehr Geld fließt zu uns.

Wichtig ist mir, an der Stelle aber auch zu betonen, dass wir die Bedeutung von Geld nicht zu hoch hängen dürfen. Du weißt aber spätestens, wenn Geld an allen Ecken und Kanten fehlt – dann ist es wichtig ... und ich habe es erlebt.

Ich weiß, wie es ist, wenn du mit deinem Hobby Geld verdienst und dir ganz viel Luxuskram kaufst, nur, um hinterher festzustellen, dass du diesen gar nicht benötigst. Ich habe erlebt, wie es ist, vom Arbeitsamt Geld zu erhalten und mit weniger als fünf Euro pro Tag auszukommen. So habe ich beide Seiten der Medaille kennengelernt und wollte wissen, wie es die Großen machen. Mittlerweile habe ich gelernt, mein Geld für mich arbeiten zu lassen, es klug zu investieren und vor allem sparsamer zu leben.

Es klingt im ersten Moment nicht so spannend, ein sparsames Leben zu führen, doch wie einer meiner Mentoren in seinem Buch schon geschrieben hat:

„Sparen kann Spaß machen."

Ich möchte dir auf den kommenden Seiten kurz und knapp eine Botschaft mit auf den Weg geben, die dein Leben für immer verändern wird.

Je jünger du bist, wenn du das hier liest, umso besser ist es für dich, und je älter du bist, desto höher ist der Betrag, den du ab sofort sparen wirst.

Geld zu besitzen, bedeutet in erster Linie ein wesentliches, freies und unabhängiges Leben führen zu können. Und das ist das, wonach ich seit meiner Jugend strebe.

Nur leider habe ich die Spielregeln dazu, wie so vieles in meinem Leben, erst sehr spät verstanden, aber ein schönes Sprichwort sagt, es ist nie zu spät. An dieser Stelle sage ich, bin kein Finanzexperte, und ich bin niemand, der sich in seinen Millionen badet. Aber ich habe in den letzten Jahren, während der Reise meiner persönlichen Entwicklung, unheimlich viel zum

Thema Finanzen dazulernen dürfen. In diesem Zuge möchte ich hier die Arbeit von Bodo Schäfer in Form von Büchern, YouTube-Videos und Seminaren ans Herz legen. Die wohl wichtigste Lektion, die ich von Bodo lernen durfte, ist jene, dass wir anfangen müssen, uns um unser Geld zu kümmern, einen finanziellen Schutz aufzubauen, um so ein freies und glückliches Leben zu führen. Ich bin froh, dass ich ihm über die Schulter gucken durfte und dir hier die für mich wichtigsten Tipps mit auf den Weg gebe.

Fang an, mindestens 10 % deines Einkommens ab sofort zurückzulegen. Und das nicht erst am Ende des Monats, sondern ab sofort am Anfang des Monats. Und falls du jetzt glaubst, dass das nicht funktioniert, so verspreche ich dir, du wirst es nicht einmal merken. Denn stellen wir uns noch mal die Frage, warum so viele nicht sparen? Meistens ist am Ende des Monats kein Geld mehr übrig und dann passt die Aussage und vor allem die Ausrede, ich hatte kein Geld mehr über, um zu sparen.

Wenn du ab heute anfängst, dich selbst zu bezahlen, dann baust du dir nebenbei ein kleines Vermögen auf. Ein weiterer Tipp ist, deine Einstellung zum Thema Geld zu verändern. Geld verdirbt nicht den Charakter eines Menschen. Ich behaupte, wer vorher ein schlechter Mensch war, wird mit Geld ein genauso schlechter Mensch sein. Aber du bist clever. Also ändere ab heute deine Einstellung zum Thema Geld und manifestiere es jeden Tag. Sag dir selbst, es ist leicht, reich zu werden. Ein weiterer Tipp für dein Mindset und deine finanzielle Situation ist es, Verantwortung zu übernehmen.

Du darfst niemals jemandem außer dir selbst, die Schuld geben für die finanzielle Situation, in der du dich gerade befindest.

Denn wer anderen Schuld gibt, gibt ihm die Macht. Es ist immer leicht, anderen Schuld zuzuschreiben, denn dann stehen wir selbst immer gut da, zumindest für den Augenblick. Werde bewusst, dass du die Macht hast über deine Zukunft. Du musst anfangen, dich mit deinen Finanzen auseinanderzusetzen. Aber sei dir bewusst, zeigst du mit dem Finger auf einen anderen und gibst ihm die Schuld, zeigen drei Finger auf die Person, die ihm diese Macht gegeben hat. Dich.

Vielleicht machst du es so wie ich.

Lege dir mehrere Unterkonten auf deinem Bankkonto an und lege dir auf jeden Fall monatlich 10 % weg. Ich bin mittlerweile so weit, dass ich 50 % meines Geldes spare, ich verrate dir gerne, wo das Geld hingeht. Ein Teil des Geldes geht auf ein Unterkonto für meine Steuern. So werde ich bei der Steuerzahlung nicht überrascht. Ein weiterer Teil des Geldes geht auf ein Spaß-Konto.

Du hast richtig gelesen, ein Spaß-Konto, und wenn ich mir beispielsweise einen neuen Fernseher kaufen möchte und ich habe die Summe für dieses Produkt nicht auf meinem Spaß-Konto, dann kann ich es mir nicht kaufen.

Das ist die schwerste Lektion, die ich auch selbst lernen musste. Ich verspreche dir, wenn du anfängst, das genauso zu machen, wird dir Sparen Spaß machen. Dazu geht ein weiterer Teil der 50 % in Aktien, in Bitcoin, und ich lege ein wenig Bargeld zur Seite. Man könnte sagen, ich nutze mehrere Verstecke wie ein Eichhörnchen, das an mehreren Orten die Haselnüsse für schlechte Zeiten versteckt.

Ist es unangenehm, diesen Schritt zu wagen und sich um sein Geld zu kümmern? Ja, aber es wird sich für dich lohnen, wenn du dich hinsetzt, dir deine Einnahmen und Ausgaben vor Augen führst, und dir auch einmal über einen längeren Zeitraum aufschreibst, wofür du dein Geld eigentlich ausgibst.

Vielleicht wirst du feststellen, dass du dir viele Euros in der Vergangenheit hättest sparen können. Aber ab jetzt wird ja alles besser.

Ein allerletzter Tipp zum Thema Geld:

Tu dir bitte den Gefallen und kaufe niemals etwas auf Raten oder leih dir privat einen Kredit. Gib nur Geld aus, das du auch hast.

HELD

Als Kind wollte ich immer wie Spiderman über die Stadt schwingen und fliegen. Nur dass, anders als in den Actionfilmen, es in meiner Stadt mit gerade mal 50.000 Einwohnern zu wenig Hochhäuser gab, von denen ich mich hätte fallen lassen können, geschweige denn mein Spinnennetz kleben bleiben würde. Deshalb blieb es eine schöne Illusion.

Dennoch hat mich diese Erfahrung nicht abgeschreckt, mir meinen ganz persönlichen Hero zu suchen und ihm nachzueifern. Und genau das möchte ich dir auch empfehlen. Wichtig ist, dass wir verstehen, dass es nicht darum geht, einen anderen Menschen zu kopieren. Das können wir gar nicht.

Jeder Mensch ist in seinem Wesen einzigartig. Es gibt 8 Milliarden Menschen auf unserem Planeten, und jeder von ihnen hat einen eigenen Fingerabdruck, eine eigene Denkweise, und eine ganz spezielle Fähigkeit, die nur er besitzt. So wie auch du.

Was wir aber auf jeden Fall tun können, ist, das Verhalten einer anderen Person anzuschauen und gewisse Verhaltensweisen annehmen. Wenn wir auf der Suche nach einem Vorbild sind, oder es bereits gefunden haben – das kann eine prominente Person sein, ebenso eine Person aus deinem Umfeld, oder in der eigenen Familie – dann können wir uns ganz genau abschauen, wie die Person in dieser oder jener Situation handelt, spricht und gestikuliert.

Wenn wir das Gefühl haben, dass dieses Verhalten unseres Heros uns selbst voranbringt, dann können wir auch die Muster annehmen und das gleiche probieren. Ob es nun das frühe Aufstehen ist oder das gute Reden vor großen Menschengruppen. Im Zeitalter der digitalen Welt steht uns die Tür offen zu vielen Videos und Interviews, in denen wir mittlerweile sehr berühmten Menschen nacheifern können.

Noch mal: nacheifern, nicht kopieren. Eine Kopie bleibt eine Kopie. Es geht darum, die positiven Eigenschaften und Fähigkeiten anzunehmen und mit seiner eigenen DNA in Einklang zu bringen.

Die Menschen um dich herum werden nach kurzer Zeit feststellen, dass du dich verändert hast. Und das ist auch gut so.

Stell dir mal vor, eine Raupe bleibt ewig eine Raupe. Sie wird irgendwann automatisch zum Schmetterling. Wann? Genau, wenn die Zeit reif ist.

Und wenn du aus deinem Kokon schlüpfst, dann hast du eigentlich nur noch zwei Aufgaben. Die eine ist es, täglich weiter an dir und deiner Persönlichkeit zu arbeiten. Die zweite Aufgabe ist es, selbst zum Lehrer für andere Menschen zu werden und dein Wissen und deine Erfahrungen weiterzugeben.

Das Leben ist wie eine Reise, bei der wir uns kontinuierlich weiterentwickeln und wachsen. Und manchmal sind es die Helden, die uns inspirieren, die uns den Weg zeigen, wie wir zu den besten Versionen unserer selbst werden können. Mit dieser Erkenntnis und der Bereitschaft, uns selbst und andere zu lehren, können wir die Welt zu einem besseren Ort machen und unsere eigenen Träume und Ziele verwirklichen.

Es mag nicht immer einfach sein, aber die Belohnungen, die sich aus diesem Prozess ergeben, sind es definitiv wert.

Als ich mich dazu entschloss, mein eigenes Verhalten nach meinen Helden zu formen, war es nicht immer reibungslos.

Es gab Momente der Unsicherheit und Zweifel, in denen ich mich fragte, ob ich wirklich den richtigen Weg einschlug. Aber ich erkannte, dass die Veränderung nicht über Nacht kommt. Sie erfordert Geduld und Ausdauer.

Ich begann damit, konkrete Ziele zu setzen, die von den Eigenschaften inspiriert waren, die ich an meinen Helden bewunderte. Eines meiner Ziele war, selbstbewusster in sozialen Situationen zu sein, ähnlich wie meine inspirierenden Vorbilder. Ich begann damit, mich aktiv in sozialen Gruppen zu engagieren, öffentlich zu sprechen und an meiner Selbstpräsentation zu arbeiten.

Über die Zeit hinweg begannen diese Anstrengungen Früchte zu tragen. Mein Selbstvertrauen wuchs, und ich fand, dass ich Dinge tun konnte, von denen ich nie geglaubt hätte, dass ich sie je erreichen könnte. Andere Menschen bemerkten diese Veränderung und kamen auf mich zu, um nach Rat und Unterstützung zu suchen. Ich wurde zu einem Mentor für viele, die auf ihrem eigenen Weg waren.

Die Verwandlung, die ich durchmachte, erinnerte mich immer an den Prozess einer Raupe, die sich in einen Schmetterling verwandelt. Ich war einst in meiner Komfortzone wie eine Raupe, doch durch die Anpassung positiver Verhaltensweisen und die Entfaltung meiner einzigartigen Persönlichkeit begann ich, meine Flügel auszubreiten.

Wenn ich heute auf meine Reise zurückblicke, sehe ich, dass es nicht nur darum geht, zu einem Helden aufzuschauen, sondern auch darum, selbst ein Held für andere zu sein. Wir können alle eine positive Veränderung bewirken und andere dazu inspirieren, dasselbe zu tun. Jeder von uns hat eine einzigartige Fähigkeit, die Welt auf seine eigene Weise zu bereichern.

Und so möchte ich dich ermutigen, deinen ganz persönlichen Helden zu finden, sei es in der fernen Prominenz oder im nahen Umfeld. Lerne von ihnen, eifere ihnen nach, aber vergiss nie, deine eigene Einzigartigkeit und Persönlichkeit in diesen Prozess einzubringen. Werde zu einem Lehrer, ein Vorbild für andere Menschen, die ihre eigenen Flügel entfalten wollen, um höher und weiter zu fliegen. Das Leben ist eine Reise, und auf dieser Reise können wir uns gegenseitig unterstützen und inspirieren, um die besten Versionen unserer selbst zu werden.

UMGEBUNG

So kurz vor Ende meiner Ratschläge möchte ich dir noch eine These mit auf den Weg geben, die sich in meinem Leben immer wieder bewiesen hat. Schau dir einmal dein Umfeld an. Wo wohnst du, was für Kleidung trägst du, welche Meinung über politische oder sportliche Themen vertrittst du? Und jetzt frage ich dich: Hast du diese Ansicht auf die Dinge selbst bestimmt und sind das deine Gedanken und ist das deine Meinung? Teilweise ja, teilweise nein, möchte ich behaupten. Es gibt einen schönen Spruch, der da lautet: Zeig mir deine Freunde und ich zeige dir deine Zukunft.

Wir sind die Summe aus den fünf Menschen, mit denen wir die meiste Zeit verbringen. Das heißt jetzt nicht, dass du sofort deinen Freundeskreis verlassen sollst und dir sofort neue Freunde suchen solltest. Aber wenn du dich umschaust, wirst du feststellen, dass der Kleidungsstil ein ähnlicher ist. Das man oftmals gleiche Hobbys teilt. Vermutlich hat man auch eine Sprache angenommen, die andere vielleicht nicht so verstehen, und einen Umgangston, der nicht „normal" ist.

Aber was ist schon normal? Ich gehe auch davon aus, dass das Einkommen ziemlich ausgeglichen ist. Daran ist auch überhaupt nichts Schlimmes. Wenn du aber mehr von deinem Leben verlangst und mehr erreichen möchtest, dann musst du dir Menschen suchen, die erfolgreicher sind, als du es momentan bist, und mit diesen Menschen Zeit verbringen.

Wenn du die schlauste Person in einem Raum bist, dann bist du definitiv im falschen Raum, denn dann lernst du nichts. Wenn du sprichst, dann wiederholst du nur Dinge, die du schon weißt. Wir haben zwei Ohren und einen Mund, damit wir doppelt so viel zuhören, wie wir sprechen.

Ebenso wird dein Freundeskreis immer wieder dieselben Geschichten erzählen. Die sind auch lustig und amüsant für Menschen, die diese Geschichten nicht kennen, aber mal ehrlich, bringen diese Gespräche dich persönlich in deinem Wachstum weiter?

Deshalb verbringe regelmäßig deine Zeit mit Menschen, die schon das erreicht haben, was du auch haben möchtest, und nutze jede Gelegenheit, Fragen zu stellen.

Dein Umfeld hat einen erheblichen Einfluss auf deine Denkweise, deine Gewohnheiten und deine Perspektive. Wenn du dich mit Menschen umgibst, die deine Ziele und Träume unterstützen und selbst erfolgreich sind, wirst du in der Lage sein, schneller und effektiver voranzukommen.

Denk daran, du kannst dein Umfeld bewusst gestalten und Menschen auswählen, die dich inspirieren und fordern. Verliere nie aus den Augen, dass du die Kontrolle darüber hast, wie du dich umgibst und welche Richtung du einschlägst. Deine Zukunft liegt in deinen Händen.

Ich erinnere mich an eine Zeit, in der ich in einem Freundeskreis verweilte, der hauptsächlich aus Menschen bestand, die sich in ihrer Komfortzone eingerichtet hatten. Wir teilten dieselben Alltagsroutinen, sprachen über dieselben Dinge und hatten ähnliche Ziele. Doch tief in mir spürte ich den Wunsch nach Veränderung und nach einem höheren Maß an Erfolg.

Es war ein Wendepunkt, als ich anfing, bewusst nach Menschen zu suchen, die bereits das erreicht hatten, was ich anstrebte. Menschen, die mutig genug waren, ihre Komfortzone zu verlassen, um Großes zu erreichen. Ich begann, mich in Netzwerken zu engagieren, die mir den Zugang zu inspirierenden Persönlichkeiten ermöglichten.

Und so änderte sich nicht nur mein Umfeld, sondern auch meine Denkweise. Ich wurde umgeben von Menschen, die an mich glaubten und mich dazu ermutigten, meine eigenen Träume zu verfolgen. Diese Veränderung war nicht immer einfach, und es gab Momente der Unsicherheit, aber ich wusste, dass ich auf dem richtigen Weg war.

Durch die Gespräche und Interaktionen mit meinen neuen Freunden lernte ich kontinuierlich dazu. Sie forderten mich heraus, stellten kritische Fragen und teilten ihre Erfahrungen und Weisheit mit mir. Und das Wichtigste: Sie zeigten mir, dass mein Vorhaben, mehr aus meinem Leben zu machen, möglich war.

Wenn du diesen Gedanken in die Praxis umsetzen möchtest, kann es bedeuten, dass du dich in deinem sozialen Umfeld bewusst vernetzt und nach Menschen suchst, die bereits auf dem Weg zum Erfolg sind. Dies können Mentoren, Geschäftspartner oder einfach inspirierende Freunde sein. Gemeinsam könnt ihr euch unterstützen, Herausforderungen meistern und eure Ziele erreichen.

Dein Umfeld ist nicht nur ein Spiegel deiner gegenwärtigen Situation, sondern auch der Schlüssel zu deiner zukünftigen Entwicklung. Handle bewusst und wähle weise, mit wem du deine Zeit verbringst, denn du wirst in die Richtung gelenkt, in die du am meisten Zeit investierst. Und wenn du die Menschen um dich herum sorgfältig auswählst, wirst du bemerken, wie du deine Ziele schneller erreichst und eine erfolgreichere Version von dir selbst wirst.

„Unsere Freundschaften spiegeln unseren Selbstwert und unser Selbstbewusstsein."

Unbekannt

ROUTINEN

Hast du mein Buch wirklich bis hierhin gelesen? Dann möchte ich dir an dieser Stelle von ganzen Herzen gratulieren, denn du bist fast am Ende angelangt und so kurz vor dem Schluss. Bevor dieses Buch in deinem Bücherregal oder im nächsten Pappkarton landet, möchte ich dir noch eine ganz wichtige Lektion aus meiner eigenen Erfahrung mit auf deinen Weg geben.

Denn ich behaupte, um wirklich ein erfolgreiches, erfülltes Leben zu führen, kommst du nicht drum herum, deine Gewohnheiten zu verändern oder sie anzupassen, und dabei helfen uns sogenannte Routinen.

Routinen werden oft als hilfreich und stabilisierend wahrgenommen, da sie Strukturen in den Alltag bringen. Es gibt aber auch eine ganze Reihe von Vorurteilen und negativen Vorstellungen gegenüber Routinen, und vielleicht erkennst du die folgenden wieder.

Routinen engen einen ein. Routinen werden oft mit Langeweile und Monoton in Verbindung gebracht.

Der Gedanke, jeden Tag die gleichen Tätigkeiten zu wiederholen, kann als einschränkend empfunden werden.

Manche Menschen glauben, dass zu viele Routinen das kreative Denken behindern. Menschen, die noch nie mit Routinen gearbeitet haben, nehmen diese oftmals als starre und unflexible Strukturen wahr, die es schwer machen, sich an Veränderung anzupassen. Andere wiederum haben ein Gefühl der Stagnation, d. h. der Gedanke, dass sich das Leben in einer endlosen Wiederholung von Routinen bewegen kann. Das lässt einige Menschen das Gefühl haben, dass sie sich nicht weiterentwickeln.

Hand aufs Herz, Routinen können sowohl positive als auch negative Auswirkungen haben, abhängig von ihrer Gestaltung, Flexibilität und den Zielen, die sie unterstützen sollen.

Ich bin der Überzeugung, dass unsere Routinen zum einen Sicherheit geben und zum anderen mehr Zeit für unser Leben schenken. Ich zum Beispiel setze mich jeden Sonntag an meinen Schreibtisch und notiere mir die wichtigsten Aufgaben für die kommende Woche. Diese Aufgaben verteile ich dann auf meine Woche in einem Wochenplan. Wie so ein Plan aussehen könnte, habe ich dir auf meiner Homepage hinterlegt.

Wie schon gesagt, es ist bei Routinen immer entscheidend, wie du sie für dich einsetzt. Oft höre ich, dass man von Routinen eingeengt wird.

Doch das halte ich für totalen Quatsch. Wer lernt, seine Zeit gut einzuteilen, um zu planen, der hat auch Raum und Zeit für Flexibilität und hat Unvorhergesehenes eingeplant.

Ich möchte dir kurz erläutern, warum Routinen für dich eine lebensverändernde Wirkung haben können.

Wahrscheinlich assoziierst du Gewohnheiten beziehungsweise Routinen eher mit Monotonie, also mit Langeweile. Manch einer sagt, er sei durch Routinen gefesselt und nicht mehr kreativ, und das ist genau das, was gerade einfallsreiche Menschen unbedingt vermeiden wollen.

Dabei sind in meinen Augen Routinen zunächst einmal völlig neutral. Routinen sind nahezu automatisch ablaufende Dinge und Verhaltensweisen, mit denen dein Gehirn versucht, mentale Energie zu sparen. Nur dadurch kannst du dich mit so vielen Dingen gleichzeitig, oder was ich viel besser finde, nacheinander beschäftigen.

Laut einer Studie sind wir 50 % unseres Tages im Autopilot-Modus, d.h. die Hälfte des Tages führst du deine Gewohnheiten automatisiert, ohne darüber nachzudenken.

Routinen geben uns beispielsweise im Alltag eine gute Orientierung, wie wir unseren Tag gestalten. Eine klassische und typische Routine wäre zum Beispiel, sich jeden Morgen eine Tasse Kaffee zu machen, Frühstück und Mittagessen einzupacken und dann zur Arbeit zu fahren.

Routinen sind wichtig, damit wir alles schaffen, was wir uns vornehmen. Vor allem aber helfen sie uns, in stressigen Situationen einen klaren Kopf und Fokus zu behalten. Ich möchte dir einfach ein paar Tipps mit auf den Weg geben, welche Routinen für dich sinnvoll sein könnten.

Falls du bisher noch keine Erfahrung mit Routinen hast, dann lass mich dir an dieser Stelle sagen, dass du diese Routinen nicht von heute auf morgen in deinen Alltag integrieren wirst. Kein Geheimnis ist allerdings, dass das Entwickeln von positiven Routinen dir ganz schnell helfen wird, ein besseres Selbstwertgefühl zu erlangen, eine höhere Motivation schafft, und es dich langfristig auch glücklicher macht.

Aber nicht nur das. Viele erfolgreiche Menschen schwören auf ihre Routine im Alltag. Einige achten darauf, dass sie zum Beispiel acht Stunden schlafen. Diese Rituale geben einen Rahmen. Einige erfolgreiche Menschen haben auch für sich herausgefunden, dass sie bestimmte Aufgaben am besten am Morgen um 10:00 Uhr erledigen können.

Was könnte also deine Routine sein?
Und wie könnte man solch eine Routine entwickeln?

Bevor ich dir dabei helfe, wie du deine eigene Routine entwickeln kannst, möchte ich ganz kurz klarstellen, was Routinen überhaupt sind. Bei Routinen handelt sich um Fähigkeiten, die wir erworben haben, in dem wir sie über einen bestimmten Zeitraum hinweg immer wiederholt haben. Das führt dazu, dass wir die Handlung sehr sicher und, wie schon gesagt, automatisch ausführen. Routinen bringen noch mehr Vorteile mit sich.

Zum einen geben sie dir eine organisierte Tagesstruktur und zum anderen sparen Routinen Zeit und Energie, weil du nicht ständig neue Entscheidungen treffen musst. Routinen geben Sicherheit, und ich bin davon überzeugt, dass Routinen auch deine Lebensqualität steigern.

Doch wie schon erwähnt, es gibt sowohl gute als auch schlechte Routinen.

Eine gute Routine ist beispielsweise, wenn du nach dem Aufstehen frühstückst, nach der Arbeit eine Runde Sport machst, am Sonntag einen Wochenplan erstellst, oder du täglich mit To-do-Listen arbeitest. Wenn es etwas Positives gibt, dann muss es auch etwas Negatives geben, und leider sind es oftmals unbewusste Routinen, die sich in den Alltag einschleichen.

Zu solchen gehören, sich nach der Arbeit auf die Couch zu legen, nach dem Essen eine Zigarette rauchen oder eben auch bei jeder Nachricht auf dein Smartphone schauen. Sehr beliebt auch das unbewusste Essen von Süßigkeiten beim Fernsehschauen.

Routinen sind für mich sehr wichtig, damit wir den Tag nicht einfach so vor uns hinlaufen lassen. Routinen geben mir persönlich eine Orientierung, und helfen mir, meinen Tag gut zu strukturieren.

Es gibt Situationen, in denen du deinen Routinen nicht immer nachgehen kannst, die du vielleicht seit Jahren verinnerlicht hast. Beispielsweise, wenn du öfter im Home-Office bist, dann kann das die ideale Möglichkeit sein, aus deinem alten Trott auszutreten und deine Gewohnheiten zu verändern.

Als dein Unterstützer möchte ich dir ein paar Vorschläge mit auf deine Reise geben. Auch wenn es verlockend ist, ein paar Minuten länger zu schlafen, weil du ja nicht ins Büro fahren musst. Steh früher auf, um mehr Zeit vom Tag zu haben. Das ist eine Gewohnheit, die den meisten Menschen viel abverlangt. Wenn du es einmal geschafft hast und merkst, wie viel mehr Zeit du vom Tag hast, wirst du richtig stolz auf dich sein.

Schreib dir doch mal jeden Tag auf, wie du dich dabei fühlst, und was du dadurch mehr am Tag geschafft hast, und wie sich dein Wohlbefinden über einen gewissen Zeitraum verändert.

Hand aufs Herz, ich bin für Wahrheit und Klarheit. Es kann dir am Anfang sehr, sehr schwerfallen, es für dich durchzuziehen. Aber schon bald wirst du positive Veränderungen an dir selbst beobachten können. Versprochen.

Hättest du mir vor zehn Jahren gesagt, dass ich die folgenden Zeilen in mein eigenes Buch hineinschreiben werde, hätte ich dir vermutlich den Vogel gezeigt.

Doch hier ist mein Tipp Nummer zwei für dich. Fang an, jeden Tag ein Kapitel zu lesen. Wer von uns nimmt sich das nicht ständig vor? Zu Hause im Regal stapeln sich die Bücher, die wir alle irgendwann mal lesen wollten. Aber dann kommt doch der Alltag dazwischen und man macht lieber etwas anderes.

Der richtige Zeitpunkt kommt nur bei den meisten so schnell nicht von allein ums Eck. Fang jetzt damit an, dir Zeit fürs Lesen zu nehmen und diese einzuplanen. Such dir einen Zeitpunkt am Tag aus, an dem du ein Kapitel liest. Das dauert meist nicht länger als 15–30 Minuten und lässt sich auch ideal zwischendurch einrichten.

Eine meiner Routinen, die ich dir wärmstens empfehlen möchte, ist, bewusst und jeden Tag zu frühstücken.

Vielleicht bist du ein Mensch, der morgens gar nicht frühstückt und dann am Abend sein Essen schnell in sich hineinstopft. Du solltest dir als Routine das bewusste Frühstück aneignen. Schließlich sollst du mit deinem Frühstück gut in den Tag starten. Es ist für mich persönlich die wichtigste Mahlzeit des Tages. Es ist dein Benzin, mit dem du deinen Motor auf Touren bringst, um während des Tages bestmöglich zu performen. Und das geht schlecht, wenn du dir nur schnell ein Brot in den Mund schiebst.

Also nimm dir morgens 20–30 Minuten Zeit, um dir ein Frühstück zuzubereiten. Ich persönlich mache mein Frühstück in einem Mixer, weil ich morgens zu faul bin zum Kauen. Das kannst du natürlich für dich selbst entscheiden. Mach dir für den Start das Frühstück, was du am liebsten magst, wie zum Beispiel Rührei oder ein Müsli mit frischem Obst.

Eine ganz wichtige Routine sollte in deinem Tagesplan der Sport haben. Dafür solltest du dir auf jeden Fall jeden Tag 45 Minuten Zeit einplanen. Das kann ein Spaziergang an der frischen Luft sein, oder auch einfach die Yogaeinheit auf der Matte zu Hause. Es muss nicht immer das Fitnessstudio sein.

Und nun mal ehrlich, wie viel Zeit verbringst du täglich im Internet, am Handy und in den sozialen Medien?

Bei den meisten von uns ist das ein großer Bestandteil des Alltags. Und leider beginnt das schon früh am Morgen. Laut einer Statistik prüfen 37 % der Deutschen meistens erstmals ihre Mails oder Nachrichten, und jeder Fünfte ist morgens erst mal in sozialen Netzwerken aktiv.

Hier mein Tipp:

Sinnvoller kann es sein, dir morgens erst mal Zeit für dich zu nehmen. Dadurch lebst du viel bewusster und nimmst deinen Gefühlszustand besser wahr.

Fragst du dich gerade auch, ob dieses Kapitel jemals endet? Die Antwort lautet: Ich könnte ewig so weiterschreiben, doch für den Start empfehle ich dir die genannten Punkte zu Herzen zu nehmen, und sie gegebenenfalls durch die vorherigen Kapitel zu erweitern. Leg dir deine eigene Routine zurecht.

Es dauert zwar ein wenig, bis du dir die neue Routine angeeignet hast. Doch hast du sie einmal verinnerlicht, gibt sie dir eine tolle Orientierung und kann dir dabei helfen, den Tag um einiges entspannter anzugehen.

Versuche dich also erst mal an den ersten Routinen und stehe früher auf, leg dir abends deine Kleidung zurecht, und stell dir abends auch dein Müsli, oder deine Kaffeetasse bereit. Hast du all das erst einmal verinnerlicht, dann hast du mehr Zeit, dich den anderen und vor allem wichtigen Dingen zu widmen. Bleib also dran und gib bitte nicht so schnell auf.

Ich verspreche dir, du wirst sehen, dass es sich lohnt. Solltest du an dieser Stelle noch nicht genug haben, und du möchtest mehr Input zu diesem Thema haben, dann möchte ich dir die sozialen Kanäle von mir und meiner Co-Autorin Anne Hasler empfehlen. Dort bekommst du regelmäßig einen Einblick in unsere Routinen und kannst ganz einfach das, was dir gefällt, in deinen Alltag integrieren.

REALITÄT

In meinen Gedanken war ich oft von der Meinung der Mehrheit geblendet. Wenn alle in deiner Umgebung behaupten, dass Dinge auf eine bestimmte Weise zu sein haben, neigst du dazu, dieser Ansicht zu vertrauen.

Doch in den vergangenen Monaten habe ich eine bedeutende Lektion gelernt: Die Welt, in der wir leben, ist nicht so, wie sie ist, sondern wie wir sie sehen. Unsere Wahrnehmung und Sichtweise gestalten unsere Realität.

Dies bedeutet jedoch nicht zwangsläufig, dass diese Wahrnehmung der objektiven Realität entspricht.

Wenn ich mich auf Negatives konzentriere, finde ich Bestätigung für meine pessimistischen Gedanken. Gleiches gilt für positive Aspekte – wenn ich danach suche, werde ich sie finden. Unsere Weltanschauung wird stark von unseren Einstellungen und Überzeugungen beeinflusst.

Ich hatte das Privileg, in einer Ära aufzuwachsen, in der zwei der besten Fußballspieler aller Zeiten, Cristiano Ronaldo und Lionel Messi, gleichzeitig auf höchstem Niveau spielten. Die Diskussion darüber, wer der Größte ist, war allgegenwärtig. Es gab diejenigen, die Ronaldo bevorzugen, und diejenigen, die auf Messis Seite standen. Ich muss gestehen, dass ich schon immer ein Fan von Lionel Messi und seiner Spielweise war.

Ganz im Gegensatz dazu mochte ich Ronaldo nicht, aber warum? Weil die Menschen in meinem Umfeld Vorurteile gegenüber ihm hegten. Er legt Wert auf sein Äußeres, ist stets gut gestylt und wirkt auf den ersten Blick vielleicht ein wenig arrogant.

Aber ist das wirklich so?

Jahrelang dachte ich genauso und mochte ihn nicht besonders, einfach nur, um dem Konsens in meiner Umgebung zu entsprechen. Doch dann begann ich, über ihn nachzudenken und über ihn zu lesen.

Ich recherchierte, woher er stammt, was er abseits des Spielfelds tut und warum er auf dem Platz nie einen schlechten Tag zu haben scheint. Als ich erfuhr, dass Ronaldo der großzügigste Sportler der Welt ist, Operationen für bedürftige Kinder finanziert und die Miete für Familien in armen Ländern übernimmt, wurde ich aufmerksam.

Je mehr ich über ihn erfuhr, desto klarer wurde mir, dass ich all die Jahre im Unrecht war, einfach nur, um anderen zu gefallen. Ronaldo ist der Spieler, der am härtesten für seinen Erfolg im Team arbeitet.

Während andere noch schlafen, trainiert er bereits.

Wenn die anderen schon duschen, setzt er sein Training fort. Wenn ein neuer Spieler zum Team stößt, ist er der Erste, der seine Hilfe anbietet. Sein Verhalten auf dem Spielfeld mag umstritten sein, aber er hat eine einzigartige Marke geschaffen. Mit seinem unverwechselbaren Anlauf vor einem Freistoß oder seinem charakteristischen Torjubel inspiriert er Millionen von Menschen.

Er setzt sich für die Schwächsten ein, hilft den Bedürftigen und vergisst nie, woher er kommt.

Ich möchte hier keine Werbung für ihn machen, aber bevor wir ein Urteil über ein Thema oder eine Person fällen, sollten wir uns alle verfügbaren Fakten genau ansehen. Die Welt ist nicht so, wie sie ist, sondern wie du sie siehst.

Deine Wahrnehmung wird maßgeblich von deinen Einstellungen und Überzeugungen geprägt. Daher sollten wir bewusst unsere Denkmuster hinterfragen und uns bemühen, die Welt mit einem offenen Geist und unvoreingenommenen Augen zu betrachten.

In der heutigen Zeit, in der Informationen in einem Überfluss vorhanden sind und wir ständig mit Meinungen und Ansichten konfrontiert werden, ist es von entscheidender Bedeutung, dass wir unsere eigene Sichtweise schärfen und uns nicht allein auf die Meinungen anderer verlassen.

Die Welt, wie wir sie wahrnehmen, wird durch unsere individuelle Linse der Erfahrung und unserer persönlichen Einstellungen gefiltert. Das bedeutet, dass zwei Menschen ein und dasselbe Ereignis vollkommen unterschiedlich interpretieren können, abhängig von ihrem eigenen Hintergrund und ihren Überzeugungen.

Ein Paradigmenwechsel in unserer Denkweise kann eine erhebliche Auswirkung auf unser Leben haben. Ganz so wie mein Umdenken bezüglich Cristiano Ronaldo.

Durch das Hinterfragen meiner vorgefassten Meinungen und den Wunsch, die Fakten selbst zu prüfen, öffnete sich eine neue Welt für mich. Diese Erfahrung erinnerte mich daran, wie wichtig es ist, offen und vorurteilsfrei zu sein, wenn es darum geht, die Realität zu begreifen.

Die Welt ist voller Vielfalt, und Menschen haben unterschiedliche Hintergründe, Erfahrungen und Perspektiven. Die Art und Weise, wie wir die Welt sehen, wird von all diesen Faktoren beeinflusst. Es ist nicht nur eine Frage der individuellen Wahrnehmung, sondern auch der Wahl, wie wir diese Wahrnehmung gestalten.

Indem wir uns bewusst machen, dass unsere Sichtweise die Welt formt, können wir anfangen, unsere Gedanken und Überzeugungen zu hinterfragen. Wir können lernen, uns von Vorurteilen zu befreien und eine offene Einstellung zu entwickeln. Dies ermöglicht es uns, die Welt in all ihrer Komplexität und Schönheit zu sehen, ohne durch vorgefertigte Urteile eingeschränkt zu sein.

Der Schlüssel liegt darin, sich selbst zu erlauben, die Welt mit neuen Augen zu sehen. Lernen wir, nicht nur auf das zu hören, was andere sagen, sondern auch unsere eigenen Erfahrungen und unser eigenes Urteilsvermögen einzubeziehen. Die Welt ist nicht starr und festgelegt, sondern ständig im Wandel. Wenn wir uns selbst erlauben, uns weiterzuentwickeln und unsere Sichtweise anzupassen, können wir eine tiefere Verbindung zur Welt und den Menschen um uns herum aufbauen.

In der heutigen Welt, in der Meinungen oft auf polarisierte Standpunkte treffen, kann die Fähigkeit, unsere eigene Sichtweise zu hinterfragen und zu erweitern, zu mehr Verständnis und Empathie führen. Wir können lernen, Menschen in ihrer Einzigartigkeit zu schätzen und die Welt in all ihren Facetten zu akzeptieren.

Indem wir unsere Wahrnehmung aktiv gestalten, gestalten wir nicht nur unsere eigene Realität, sondern tragen auch dazu bei, eine Welt zu schaffen, die von Offenheit und Toleranz geprägt ist.

Es ist wichtig zu erkennen, dass wir die Macht haben, unsere eigene Realität zu formen. Unser Denken, unsere Überzeugungen und unsere Sichtweise können die Welt um uns herum stark beeinflussen. Möge dieser Paradigmenwechsel in unserer Denkweise dazu beitragen, dass wir die Welt nicht nur so sehen, wie sie ist, sondern wie sie sein könnte.

WORTE SIND WAFFEN

Dieses Kapitel liegt mir ganz besonders am Herzen. Denn ich behaupte ganz stark, dass es der Schlüssel für alles ist. Das Schöne daran ist, dass jeder von uns, also du und ich und auch andere diesen Schlüssel immer bei sich tragen.

Sieh deine Worte als tödliche Munition.

Stell dir vor, dein Mund ist deine Waffe. Und dann darfst du dir vorstellen, dass in deinem Mund die Munition gelagert ist, die jederzeit bereit zum Abschuss ist. Deine Worte sind wie tödliche Kugeln, die aus einer geladenen Pistole schnellen.

Die Art und Weise, wie du sprichst und dich ausdrückst, kann entscheidend sein – deine Worte können Herzen durchbohren, Seelen verwunden und Beziehungen zerstören. In diesem Kapitel möchte ich dir erläutern, wie Worte zu gefährlichen Waffen werden können, die in deinem und für das Leben anderer eine verheerende Rolle spielen.

Es ist wichtig, was du sagst, denn deine Worte sind Projektile, scharf und präzise. Sie können Menschen treffen und verletzen oder sie heilen und aufbauen.

Deine Worte können entscheiden, wie andere dich wahrnehmen, und wie du dich selbst fühlst. Nutze deine Worte mit Bedacht und bedenke, dass sie wie Kugeln aus einem Gewehr fliegen und nach Abschuss nicht mehr einzufangen sind.

Wenn du mit anderen Menschen zusammen bist, dann kannst du diese Zeit nutzen, um Nähe zu ihnen aufzubauen oder Distanz zu schaffen. Ich persönlich finde den Gedanken schön, dich um andere zu kümmern, indem du deine Zeit und deine Worte sinnvoll einsetzt.

Ich möchte, dass du dir noch ein Bild in deinem Kopf vorstellst. Deine Emotionen sind die Munition in deiner Waffe. Was meine ich damit? Wenn du z. B. wütend bist, verärgert oder enttäuscht bist, werden deine Worte womöglich andere verletzen können.

Sei deshalb echt und authentisch, aber bedenke, dass du mit deinen Gefühlen treffsicher umgehen solltest. Worte können Mauern einreißen und das Vertrauen wiederherstellen.

Es ist wichtig, dass du echt bist, denn Fake ist wie ein Schalldämpfer auf deiner Waffe – es reduziert die Wirkung. Vermeide es, maskiert zu sein, und sei du selbst, wenn du schießt. Deine Echtheit wird von anderen erkannt und geschätzt.

Gerne darfst du deine Worte auch sehen wie Liebespfeile, so wie schon Amor es gemacht hat. Zeige deine Liebe mit Worten, die wie Liebespfeile in die Herzen der anderen eindringen. Deine Worte können Liebe und Zuneigung ausstrahlen.

Hin und wieder wirst du dich sicher schon einmal bei jemanden entschuldigt haben, oder vielleicht steht eine Entschuldigung an. Dann sieh deine Entschuldigung wie das Entfernen einer Kugel aus einer Wunde. Deine Worte können wie Pinzetten sein, die Kugeln entfernen und Verletzungen heilen.

Sei bereit, deine Worte zu verwenden, um Brücken zu bauen und Konflikte zu lösen.

Du kannst im Übrigen auch deine Worte nutzen, um große Träume zu fördern. Deine Worte können wie eine Rakete sein, die Träume in den Himmel tragen. Ermutige andere, große Ziele zu setzen, und lass deine Worte wie eine Inspiration für andere sein, die die Träume anderer zum Fliegen bringt.

Sei du der größte Fürsprecher und lauteste Cheerleader. Was ich damit meine? Unterstütze andere in ihren Bemühungen, sei ihr lautstarker Befürworter, und feiere ihre Erfolge mit Worten der Begeisterung.

Deine Worte können wie ein sicherer Hafen sein, in den andere fliehen können, wenn der Sturm tobt. Dann bietest du Schutz und Unterstützung an, indem du deine Worte wie Schild und Rüstung einsetzt und dich vor den anderen stellst.

Deine Worte können wie ein Erste-Hilfe-Kasten sein, der lindert. Sei da, wenn andere Trost und Hilfe brauchen, und lass deine Worte wie Verbandszeug und Schmerzmittel sein.

Sei freundlich zu anderen. Wenn du anderen Freundlichkeit beibringst, indem du sie demonstrierst, werden deine Worte wie Kugeln des Mitgefühls sein.

Mit seinen Worten richtig umzugehen ist eine der größten Aufgaben, bei der es keine Platzpatronen gibt. Die Worte, die du wählst, sind wie Sprengsätze, die die Welt um dich herum gestalten.

In deinem Leben können Worte Liebe, Unterstützung und Positivität verbreiten. Wähle deine Worte mit Bedacht, denn sie sind wie Kugeln, die nicht zurückgenommen werden können.

Nutze sie weise, aber sei dir stets bewusst, dass sie eine Macht haben, die man nie unterschätzen sollte.

Deine Worte sind Waffen – schieße sie mit Bedacht ab!

ERWECKE DEIN POTENZIAL

Stell dir vor, du liegst auf deinem Sterbebett, und um dich herum versammeln sich die Geister deines unerfüllten Potenzials. Der Geist der Ideen, denen du nie nachgegangen bist.

Der Geist der Talente, die du ungenutzt gelassen hast. Sie stehen wütend, enttäuscht und aufgebracht um dein Bett herum und sagen:

„Wir sind hier, weil du uns zum Leben hättest erwecken können, und jetzt müssen wir gemeinsam ins Grab gehen."

Deshalb frage ich dich heute: Wie viele solcher Geister werden um dein Bett stehen, wenn deine Zeit gekommen ist?

Die Welt braucht viel, und sie braucht es von dir. Denke daran: Du musst handeln, du musst alles geben, was du hast, sei es deine Zeit, dein Talent.

Es geht nicht nur darum, wie viel du hast, sondern was du mit dem machst, was du hast. Vielleicht bist du Betriebswirt, Theologe, Krankenschwester, oder Soziologe. Einige haben Geld, einige haben Geduld, einige haben Freundlichkeit, einige haben Liebe, einige haben eine Gabe. Was auch immer deine Gabe ist, was machst du damit?

Hier ist mein letzter Ratschlag, warum es so verdammt wichtig ist, zu scheitern: Manchmal ist Scheitern der beste Weg, um herauszufinden, wohin die Reise geht.

Dein Lebensweg wird nie geradlinig sein. Es geht darum, zu erkennen, was du weißt, und auch zu akzeptieren, was du nicht weißt.

Es geht um Offenheit gegenüber Menschen und Ideen. Die Chancen, die du ergreifst, die Menschen, die du triffst, die Menschen, die du liebst, der Glaube, den du hegst, all das wird dich definieren. Lass dich niemals entmutigen, und halte dich niemals zurück. Gib immer alles, was du hast. Und wenn du im Laufe deines Lebens stolperst, dann erinnere dich daran: Immer nach vorne stolpern.

Die Leute fragen mich oft, was ich hasse. Ich hasse nicht viel, aber eine Sache hasse ich: Reden, ohne Taten folgen zu lassen. „Ich werde das tun", „Du weißt, was ich vorhabe", „Warte nur, bis ich es tue ..." Hör auf zu reden! Handle einfach!

Taten sprechen lauter als Worte. Also, setze deine Pläne in die Tat um!

Abschließend, denke an diese Worte und lass dich durch sie motivieren: Dein Leben ist ein begrenztes Geschenk, und die Zeit verläuft unerbittlich. Die Geister deines Potenzials warten nicht geduldig in der Ecke – sie fordern dich heraus, sie zu erwecken, bevor es zu spät ist.

Sei der Gestalter deiner eigenen Geschichte. Handle, setze deine Träume in die Tat um, und lebe ohne Reue. Wenn du eines Tages auf dein Leben zurückblickst, möge dein Herz mit Stolz erfüllt sein, weil du mutig und entschlossen warst. Die Welt wartet auf das, was du zu bieten hast.

Handle jetzt. Handle entschlossen. Handle mit Leidenschaft. Und erinnere dich stets daran: Es ist nicht das, was du sagst, sondern das, was du tust, was zählt.

Möge dein Weg erfüllt sein von Taten und deinem Leben Bedeutung verleihen.

Dein

Christoph Taute

Christoph Taute

DANKSAGUNG

Du kennst das. Am Ende eines jeden Buches findet der Autor noch ein paar Zeilen, um seine Dankbarkeit zum Ausdruck zu bringen. Ich werde mich dem anschließen und versuchen, es für dich so kurz und knapp wie möglich zu halten. Ich habe zu Beginn des Buches gesagt, für wen ich dieses Buch schreibe. Zum einen für mein 16-jähriges Ich und zum anderen für mein zukünftiges Ich, damit ich all das nicht vergesse. Und natürlich habe ich es auch für dich geschrieben.

Von der ersten Zeile bis zur Vollendung sind knapp drei Jahre vergangen. Drei Jahre, in denen ich ein Wechselbad meiner Gefühle erlebt habe. Erst motiviert, dann stagniert, danach pausiert und am Ende wieder motiviert und inspiriert von meinen Mitmenschen.

Zuerst möchte ich meinen tiefsten Dank an meine Familie aussprechen. Euer Glaube an mich und eure endlose Unterstützung haben mich durch die Höhen und Tiefen dieses Schreibprozesses getragen. Ohne euch wäre dieses Buch nur eine Idee geblieben.

Ein herzliches Dankeschön geht an meine Co-Autorin und Podcast-Partnerin Anne Hasler, die immer ein offenes Ohr für meine Ideen hatte und mir mit ihren Geschichten geholfen hat, meinen Weg zu finden.

Ein ganz besonderer Dank gilt meiner Tante und Korrekturleserin Christa. Deine kritischen Augen und präzisen Anmerkungen haben geholfen, die Qualität dieses Buches zu verbessern. Die Geduld, die du aufgebracht hast, ist unbezahlbar.

Mein Dank gilt auch meinen Mentoren und Lehrern, die mich durch ihre Inspiration und Wissensvermittlung geformt haben. Ihr habt mir nicht nur beigebracht, wie man schreibt, sondern auch, wie man eine Geschichte erzählt.

Last but not least möchte ich meine Leserinnen und Leser ansprechen. Euer Interesse an meinen Gedanken und Geschichten ist die treibende Kraft hinter meiner Feder. Ohne euch gäbe es keine Geschichten zu erzählen.

In diesen Zeilen spiegelt sich nur ein Bruchteil der Dankbarkeit wider, die ich empfinde.

Wen ich auch nicht vergessen darf, sind die Menschen, die mich belächelt haben. Die, die immer noch mit den Augen rollen und mir diesen Weg nicht zugetraut haben. Das meine ich nicht zynisch, sondern mit vollem Ernst und offenen Herzen. Eure Zweifel haben mich bewusster werden lassen, was ich will und was nicht. Danke!

Jede Person, die auf irgendeine Weise dazu beigetragen hat, möge wissen, dass ihr einen bleibenden Eindruck hinterlassen habt. Dieses Buch ist nicht nur meins, sondern auch eures.

... und wie geht es jetzt weiter?

Sicher kennst du jemanden, der jetzt ebenfalls von diesem Buch erfahren sollte.

Gib dieses Buch an die Menschen weiter. Schenke es Menschen, die dir wichtig sind. Gib nicht dieses Buch weiter, sondern schenke es ihnen am besten. Dein Geschenk für deine Liebsten kannst du direkt unter NOVUM VERLAG bestellen.

Werde Teil meiner Community, folge mir auf Instagram und erzähle mir deinen AHA-Moment.

Du möchtest mehr über mich erfahren? Dann melde dich gerne auf den Sozialen Medien bei mir, oder höre dir unseren Podcast **That's Life. That's Ok.** an.

Oder besuch mich auf meiner Homepage

www.christoph-taute.de

HERZ FÜR AUTOREN A HEART FOR AUTHORS À L'ÉCOUTE DES AUTEURS MIA ΚΑΡΔΙΑ ΓΙΑ ΣΥΓΓΡΑΦ
HÄRTA FÖR FÖRFATTARE UN CORAZÓN POR LOS AUTORES YAZARLARIMIZA GÖNÜL VERELIM SZÍVÜ
UORE PER AUTORI ET HJERTE FOR FORFATTERE EEN HART VOOR SCHRIJVERS TEMOS OS AUTORE
HERZÖINKÉRT SERCE DLA AUTORÓW EIN HERZ FÜR AUTOREN A HEART FOR AUTHORS À L'ÉCOUTE
RAÇÃO ВСЕЙ ДУШОЙ К АВТОРАМ ETT HJÄRTA FÖR FÖRFATTARE Á LA ESCUCHA DE LOS AUTORE
UTEURS MIA ΚΑΡΔΙΑ ΓΙΑ ΣΥΓΓΡΑΦΕΙΣ UN CUORE PER AUTORI ET HJERTE FOR FORFATTERE EEN HA
YAZARLARIMIZ   ZERZÖINKÉRT SERCE DLA AUTORÓW EIN HERZ FÜR A
OR SCHRI   DS OS A   DORAÇÃO ВСЕЙ ДУШОЙ К АВТОРАМ ETT HJÄRTA FÖR F

Der Autor

Christoph Taute, geboren und aufgewachsen
in Wolfenbüttel, entdeckte früh seine Leidenschaft für den Fußball. Mit 16 Jahren verließ er
seine Heimatstadt, um bei SV Werder Bremen
seinen Traum als Profifußballer zu verfolgen.
Doch das Schicksal hatte andere Pläne: Nach
zwei schweren Kreuzbandrissen musste Christoph im Alter von nur 20 Jahren seine aktive
Karriere beenden. Er begann eine Ausbildung
zum Sport- und Fitnesskaufmann und vertiefte
sein Wissen durch ein Studium im Fußball-
management. So coachte er unter anderem
junge Talente bei Eintracht Braunschweig und
gab seine Erfahrung in Seminaren weiter.
Mit 27 Jahren gründete er sein erstes Unternehmen, das heute als „Kita Piraten" bekannt
ist. Seine Vision: über eine Million Kinder in
Bewegung zu bringen. In seiner Freizeit er-
weitert Christoph sein Wissen durch Bücher
und genießt Reisen nach Hawaii, wo er die
entspannte Lebensweise liebt.

Der Verlag

*Wer aufhört
besser zu werden,
hat aufgehört
gut zu sein!*

Basierend auf diesem Motto ist es dem novum Verlag
ein Anliegen, neue Manuskripte aufzuspüren, zu ver-
öffentlichen und deren Autoren langfristig zu fördern.
Mittlerweile gilt der 1997 gegründete und mehrfach
prämierte Verlag als Spezialist für Neuautoren in
Deutschland, Österreich und der Schweiz.

**Für jedes neue Manuskript wird innerhalb we-
niger Wochen eine kostenfreie, unverbindliche
Lektorats-Prüfung erstellt.**

Weitere Informationen zum Verlag und
seinen Büchern finden Sie im Internet unter:

www.novumverlag.com